ein Ullstein Buch

ÜBER DAS BUCH:

Diesem Buch legt Fernau die berühmte Gretchenfrage, also die Frage nach Gott und dem Glauben an ihn, als Hauptmelodie zugrunde, die er dann in acht Variationen durchspielt. Unter den Kapitelüberschriften Andante, Scherzo, Rondo, Groteske, Furioso, Pavane, Pastorale und Adagio legt Fernau Bekenntnisse und Gespräche, Gedanken und Überlegungen zum religiösen Glauben vor, in denen sich die Persönlichkeit dieses Autors wiederfindet: Seine Heiterkeit, seine Ironie, sein Ernst, sein Zorn, seine Güte.

FERNAU ÜBER FERNAU:

»Ich bin 1909 geboren, in Bromberg, falls Ihnen dieser Name noch etwas sagt. Und in Hirschberg im Riesengebirge, sofern Sie wissen, wo das liegt, habe ich das Humanistische Gymnasium absolviert. In Berlin habe ich an der Universität genascht, ohne Abschluß, und Malunterricht genommen und, noch schwankend, ob ich das Schreiben oder das Malen zu meinem Beruf machen sollte, mir als Journalist meinen Unterhalt verdient, bis der Staat mir diese Sorge abnahm und mich von 1939 bis 1945 als Soldat in ›Vollpension‹ nahm. Inzwischen habe ich eine Reihe von Büchern veröffentlicht, die hübsche Auflagen haben. Man nennt mich (richtiger: schimpft mich) konservativ. Das stimmt, wenn man darunter einen Mann versteht, dem das Bewahren des Vernünftigen und Guten im Geistigen ebenso wie im Alltäglichen wichtiger ist als das Ändern um des Änderns und das Verwerfen um des ›Fortschritts‹ willen und der nicht um jeden Preis ›in‹ sein will, wie man heute so abscheulich zu sagen pflegt. In allen Büchern habe ich mich bemüht, wahrhaftig und unabhängig im Denken zu sein, vor allem in den geschichtlichen Werken ... Meinen Wohnsitz habe ich in München. Manchmal, wenn ich eine andere Luft zum Atmen brauche, weiche ich nach Florenz aus. Wenn mich das Schreiben traurig macht, und das tut es oft, und um so öfter, je älter ich werde, verlege ich mich aufs Malen.«

Joachim Fernau starb am 24. November 1988.

# Joachim Fernau

# Die Gretchenfrage

Variationen über ein
Thema von Goethe

ein Ullstein Buch

ein Ullstein Buch
Nr. 22157
im Verlag Ullstein GmbH,
Frankfurt/M – Berlin

Ungekürzte Ausgabe

Umschlagentwurf:
Hansbernd Lindemann
unter Verwendung eines
Gemäldes von Michelangelo
Buonarroti, ›Die Erschaffung Adams‹,
(Ausschnitt)
Archiv für Kunst und Geschichte, Berlin

Printed in Germany 1989
Druck und Verarbeitung:
Ebner Ulm
ISBN 3 548 22157 2

September 1989

Vom selben Autor
in der Reihe der
Ullstein Bücher:

Die treue Dakerin (20813)
Hauptmann Pax (20816)
Ein Frühling in Florenz (20896)
Und sie schämeten sich nicht (20983)
Caesar läßt grüßen (20859)
Die Genies der Deutschen (20833)

CIP-Titelaufnahme
der Deutschen Bibliothek

**Fernau, Joachim:**
Die Gretchenfrage: Variationen über ein
Thema von Goethe / Joachim Fernau. –
Ungekürzte Ausg. – Frankfurt/M; Berlin:
Ullstein, 1989
(Ullstein-Buch; Nr. 22157)
ISBN 3-548-22157-2
NE: GT

# INHALT

THEMA:

Goethe, Faust I

*Margarete:*
Nun sag, wie hast du's mit der Religion?
Du bist ein herzlich guter Mann,
Allein ich glaub', du hältst nicht viel davon.

*Faust:*
Laß das, mein Kind! Du fühlst, ich bin dir gut;
Für meine Lieben ließ' ich Leib und Blut,
Will niemand sein Gefühl und seine Kirche
rauben.

*Margarete:*
Das ist nicht recht, man muß dran glauben!

*Faust:*
Man muß?

*Margarete:*
Ach! Wenn ich etwas auf dich könnte!

Du ehrst auch nicht die heil'gen Sakramente.

*Faust:*
Ich ehre sie.

*Margarete:*
Doch ohne Verlangen.
Zur Messe, zur Beichte bis du lange nicht gegangen.
Glaubst du an Gott?

*Faust:*
Mein Liebchen, wer darf sagen:
Ich glaub' an Gott?
Magst Priester oder Weise fragen,
Und ihre Antwort scheint nur Spott
Über den Frager zu sein.

*Margarete:*
So glaubst du nicht?

*Faust:*
Mißhör mich nicht, du holdes Angesicht!
Wer darf ihn nennen?
Und wer bekennen:
Ich glaub ihn?
Wer empfinden

Und sich unterwinden
Zu sagen: Ich glaub' ihn nicht?
Der Allumfasser,
Der Allerhalter,
Faßt und erhält er nicht
Dich, mich, sich selbst?
Wölbt sich der Himmel nicht da droben?
Liegt die Erde nicht hier unten fest?
Und steigen freundlich blickend
Ewige Sterne nicht herauf?
Schau ich nicht Aug' in Auge dir,
Und drängt nicht alles
Nach Haupt und Herzen dir
Und webt in ewigem Geheimnis
Unsichtbar sichtbar neben dir?
Erfüll' davon dein Herz, so groß es ist,
Und wenn du ganz in dem Gefühle selig bist,
Nenn es dann, wie du willst,
Nenn's Glück! Herz! Liebe! Gott!
Ich habe keinen Namen
Dafür! Gefühl ist alles;
Name ist Schall und Rauch.

»Mein liebes Kind,
Dein Brief ist mir sehr nahe gegangen. Ich wollte erst darüber sprechen, wenn Du in den Semesterferien wieder zu Hause bist, aber ich glaube jetzt, ich muß Dir sofort antworten. Es eilt, nicht wahr?
›Ob es einen Gott gibt, antworte mir, Vater‹, hast Du geschrieben.
Liebe Ruth, Du hast mich zum erstenmal in einem Brief ›Vater‹ statt ›Papa‹ genannt. Du hast recht. Der Papa ist der, der Dir einen Kuß gibt, wenn Du heimkommst; der Dir durch das Haar fährt; der seinen Arm um Deine Schulter legt und sich, wenn Mama es nicht hört, von Deinem Ärger mit Werner oder Jonny oder Jochen, oder wie er gerade heißt, erzählen läßt; der Dir in das Handschuhfach Deiner Klapperkiste einen Hundertmarkschein schmuggelt; der heimlich Dein Medaillon öffnet und statt des Bildes eines jungen Mannes sein eigenes findet – ja, das habe ich getan und ich war etwas erschrocken.
Erschrocken? Nicht glücklich? Auch glück-

lich, ja; mehr aber noch erschrocken. Das wirst Du nicht verstehen, ich will versuchen, es Dir zu erklären: Es gibt ein altes Kirchenlied, das so ähnlich lautet wie: ›Du bist der Grund, in dem mein Anker selig ruht‹. Streiche das Wort ›selig‹, weil es zu religiös ist, aber alles übrige trifft zu. Bin ich der feste Grund, Ruth? Ich habe mich nie für besonders stark gehalten, und jetzt soll ich es plötzlich sein. Schöne Bescherung.

Nun – in diesem Brief muß es sich erweisen. Du schreibst, daß Du in Not bist, daß Du Dich quälst, daß Du den Glauben an Gott und den Sinn der Welt verloren hast und, wenn Du zurückblickst, nicht einmal weißt, ob Du ihn je besaßest. Sicherlich hast Du mich in Gedanken hundertmal gefragt; ich war nicht bei Dir und antwortete nicht.

Als ich so jung war wie Du, habe ich die Frage nach einem Gott nie gestellt. Ich tat es nicht etwa aus Gedankenlosigkeit, ich tat es aus Vertrauen.

Im Vertrauen worauf?

Ich will es Dir sagen, aber mißverstehe es nicht. Du weißt, daß ich nicht hybrid bin. Ich vertraute, daß ich ein Weltgericht nicht zu fürchten haben würde. Ich war kein Engel; ein engelsgleicher Mensch ist etwas Unnatürliches. Ich habe gemogelt, ich habe gelogen, ich war unkeusch, ich rauchte Pfeife, trug den Hut schief und war übermütig wie ein junger Dackel. Wenn ich log, tat ich es, um jemandem eine Enttäuschung zu ersparen; wenn ich fünfmal schwarz fuhr, habe ich mir dafür »Florian Geyer« im Reclam gekauft, und wenn ich die Brüste eines Mädchens küßte: in solchen und tausend anderen Augenblicken meines Lebens lag ich, statt wie andere ein Räuber oder auch nur ein Hans im Glück zu sein, in Wahrheit auf den Knien in Anbetung der Schönheit der Welt. Ich bin nie pfeifend durch die Welt gegangen. Vielleicht tat ich unwissentlich manches, was für andere den Keim späteren Schmerzes in sich trug, vielleicht; hoffentlich nicht. Ich war immer ein Erhalter, ein Bewahrer und war immer demütig vor der Schöpfung. Ich war hingerissen vor jeder Schönheit, ich konnte vor der Schönheit eines Frühlingsmorgens vergehen, ich konnte eine Blume vor Bewunderung küssen. Ich konnte Stunden um Stunden vor einem Manet oder van Gogh stehen, bis mir die Museumswärter einen Stuhl hinschoben. Ich habe in der Matthäuspassion von Bach geheult wie ein

Schloßhund. Nicht aus jener Religiosität, die die Kirchen meinen. Aus Demut. Vor Glück. Hätte mich da jemand gefragt, ob ich an Gott glaubte, so würde ich geantwortet haben: Verdammt nochmal, sehen Sie denn nicht, daß ich heule?

Sag mir, was konnte mir in einem Weltgericht passieren? Ich kann mir nicht denken, daß Anbeten nicht dasselbe wie Beten ist. Ich kann mir nicht vorstellen, daß ein Mensch etwas Herrliches schafft, ohne gläubig zu sein. Die ganze lange Menschheitsgeschichte beweist es. Ist es angesichts der Schöpfungen von Babylon, Ägypten, Hellas, Rom, China, Japan und Europa nicht unsinnig zu fragen, worauf sich ihre Gläubigkeit richtete und welche Worte ihre Lippen sprachen? Sie alle priesen. Genügt das nicht? Genügt es nicht, daß sie es uns nachfühlen lassen? Daß auch wir andächtig in unserem Leben werden?

Die Priester sagen: Nein, es genügt nicht. Sie sagten es schon vor Jahrtausenden, bald meinten sie diesen Gott, bald jenen Gott, dann den nächsten und abermals den nächsten, und heute sagen sie es für ihren Gott nun wieder. Welcher Name und welche Adresse stimmt denn nun?

Die Eiferer, Ruth, sind schlimm. Und die, die kein Lächeln, keine Heiterkeit dulden, sind die schlimmsten. Ernst Jünger hat irgendwo geschrieben – laß mich nachschlagen – ja, ich habe die Stelle gefunden: »Fromm sein heißt, vom Wunder der Welt erfaßt werden. Das ist nicht ein Zeichen, nicht eine Folge von Religion, sondern deren Voraussetzung. Dem folgt Verehrung unmittelbar, auch Heiterkeit. (Ich füge hinzu: Gelassenheit). Es ist wahrscheinlicher«, fährt Jünger fort, »daß die Heiterkeit den Ursprung der Religionen bildet, als die Furcht, wie viele Theorien annehmen. Auch heute ist jede Frömmigkeit verdächtig, die sich auf Furcht gründet und der die Heiterkeit fehlt.« Unsere Gegenwart und ihre Priester sind zurückgefallen in die Zeiten der Medizinmänner und sagen: Lebt in der Furcht des Herrn. In der Not und in eurem letzten Stündlein werdet ihr Gott den Herrn erkennen lernen und jammern.

Wirklich?

Mir erzählte ein Kriegskamerad, daß er einmal ein mörderisches Trommelfeuer erlebte. Er lag auf einer Wiese auf den Boden gedrückt und sah dicht vor den Augen eine Pflanze, die er seit vielen, vielen Jahren nie mehr beachtet hatte und die er nun mit einer unverständlich großen Freude wiedererkannte: einen Wegerich. Als ihm der Name einfiel, war er ganz glücklich. Er erinnerte sich seiner Kindheit, wenn er mit den Fingern die Fruchtkügelchen abstreifte und in den Mund springen ließ. Da stand er jetzt, der kleine Wegerich, im Inferno, wie er. Und er dachte – wobei sich ihm vollkommen verwischte, daß es nur eine Pflanze und er ein Mensch war: Du hast geblüht und gelebt, gern gelebt, viele Sommer lang. Ich habe auch gelebt, gern gelebt. Wenn wir jetzt sterben, sterben wir zusammen, hab' keine Angst.

Ich glaube, mein Kind, daß er seitdem die Frage nach einem Gott nicht mehr stellt. Meinst Du nicht auch? Er hat damals erlebt, daß er eins wurde mit der Kreatur, die auch keine Fragen stellt. Wozu auch? Irgendwo wird der Sinn allen Lebens und der Sinn allen Seins liegen; warum fragst Du, wo? Warum brauchst Du das zur Erfüllung Deines Lebens?

Gibt es einen Allmächtigen – vertraue.

Gibt es etwas anderes, was wir uns nicht vorstellen können – vertraue!

Die Schöpfung fragt nicht. Kein Vogel, kein

Falter, kein Baum, kein Grashalm jagt Gott nach. Keine Wolke, keine Woge hält sich damit auf. Sie ist, wie sie sein muß, und weiß sich im Schoß des Universums.

Jage auch Du Gott nicht nach. Gibt es eine Allmacht, so wird das letzte, was sie von den Irdischen erwartet, sein, daß wir ihr nachjagen. Wie klein das wäre!

Sei stark, mein liebes Mädchen! Umarme das Leben, die Liebe, das Schöne, das Universum. Und wenn Du ganz in dem Gefühle selig bist, nenn' es dann, wie Du willst, nenn's Gott. Ich habe keinen Namen dafür.

Dein Vater«

Tieren, kein Baum, kein Grashalm der Gott nach. Keine Wolke, keine Woge hält sich damit auf. Sie ist, wie sie sein muß, und weiß sich im Schoß des Universums.

Sage auch Du Gott nicht nach. Gibt es eine Allmacht, so wird das letzte, was sie von den Menschen erwartet, sein, daß wir ihr nachsagen. Wie klein das wäre!

Sei stark, mein liebes Mädchen! Ungeheuer ist Leben, die Liebe, das Schöne, das Universum. Und wenn Du ganz in dem Gefühle selig bist, nenn es dann, wie Du willst, nenn's Gott. Ich habe keinen Namen dafür.

Dein Vater

## SCHERZO

Ende September, wenn der Herbst schon nahe ist, steht eigentlich niemandem mehr der Sinn danach, Eis zu schlecken, aber Bäcker Fehring aß es selbst so gerne, daß er nicht kapitulierte, bevor der erste Schnee fiel. Bis dahin stand auch das blecherne »Eismännchen« an einen Kastanienbaum gebunden vor seiner Ladentür. Das Kunstwerk zeigte einen behaglich eisleckenden Mann oder Knaben; das Lebensalter war nicht mehr genau auszumachen, denn Kastanien, mit denen die Schuljugend Jahr für Jahr im Herbst Fußball spielte, hatten ihm bereits die Farbe von Augen, Nase und Mund weggeschossen.

Die kurze, baumbestandene Straße führte zur Schule; sie führte auch zur Kirche, und Pastor Pretorius ging sie gern, denn das Grün war im Frühling so anheimelnd, im Sommer so schattig, und im Herbst raschelte das Laub so gemütlich zwischen den Füßen. Mitunter begleitete den Herrn Pastor, wenn er nachmit-

tags etwas in der Kirche zu erledigen hatte, Sabine. Sabine war zwölf Jahre alt.
Als sie das Eismännchen erblickte, legte sie sofort los; eine Kastanie wurde anvisiert wie der Fußball bei einem Elfmeter und saß im nächsten Augenblick auf der Brust des Eismännchens, das mit einem blechernen Donnern antwortete.
»Sabine! Darf das ein Mädchen?«
»Natürlich«, sagte Sabine energisch. »Wir sind doch alle gleichberechtigt, Papa. Nur treffen muß man, sonst lachen die Bengels. Aus zwanzig Metern, Papa! Verstehst du?«
»Ich verstehe. Das waren übrigens nur zehn Meter.«
»Nur? Du bist gut. Mach's nach, Papa! Mach's nach!«
»Unsinn.«
»Vorwärts, Papa!«
»Ein Pastor, der Kastanien schießt!«
»Du bist doch nicht heilig. Jesus hat bestimmt mit Kastanien geschossen.«
»Sabine! Bist du bei Troste?«
»Na, er war doch auch mal jung und fröhlich, bevor er heilig wurde!«
»Jesus war immer heilig, er war Gottes Sohn, auch als Kind.«

»Ja, ja, ja – aber er durfte doch auch fröhlich sein, oder nicht? Darf man nicht vergnügt sein, wenn man Gottes Sohn ist?«
»Wenn man ein Kind ist, darf man wie alle Kinder sein.«
»Also.«
»Nein, nicht ›also‹. Jesus war auch als Kind schon fehlerlos und makellos.«
»Darf ich mal etwas sagen, Papa? So ein Junge ist langweilig. Unser Klassenprimus ist so einer. Ich schlafe schon ein, wenn ich nur seine Stimme höre.«
»Und du meinst, Sabine, daß Jesus auch so war?«
»Ich meine es nicht, du meinst es! Und laß dir sagen, Papa, daß es mich sehr traurig macht. Ich habe mir immer vorgestellt, daß der kleine Jesus so war wie wir, und daß erst später der liebe Gott eines Tages zu ihm gesagt hat: So, Schluß mit den Faxen! Ich mache dich heilig und jetzt geht's los.«
»Ja«, sagte Pretorius, »vielleicht hast du recht, Sabine. Das wäre sogar sehr schön. Aber in der Bibel steht, daß Jesus schon als Zwölfjähriger ganz ernst war und die Priester und Rabbiner belehrte.«
Sabine nickte. »Das hatte ich vergessen, Papa.

Du hast recht. Wie traurig für das Jesuskind.«
»Ja, du und ihr anderen alle habt eine schönere Kindheit.«
»Das ist wahr. Das einzige, worum ich ihn beneide, ist, daß er sofort in den Himmel gekommen ist, und daß er zaubern konnte – entschuldige, Papa, ich meine: Wunder tun.«
»Schäm dich. Du möchtest Wunder tun, um bestaunt zu werden. Jesus hat Wunder getan, damit die Menschen sahen, daß er Gottes Sohn war.«
»Warum hat er dann nicht einfach alle Menschen gut gemacht?«
»Damit die Menschen gar nichts mehr dazu zu tun brauchten? Denk doch einmal nach, Kind! Der liebe Gott hätte ja alle Menschen gut und ohne Sünde, treu und standhaft schaffen können –«
»Eben, Papa! Warum tat er es nicht?«
»Weil er keine willenlosen Geschöpfe haben wollte.«
»Warum nicht?«
»Sabine! Sieh mal: Wenn ich zum Beispiel nicht möchte, daß du auf die Straße läufst und Unfug treibst, so könnte ich dich im Zimmer anbinden. Meinst du, daß mich das freuen würde? Meinst du, ich könnte dann stolz dar-

auf sein, daß du nicht auf die Straße läufst?«

»Nein«, antwortete das Kind nachdenklich. Dann, nach einer Weile: »Aber irgendwie stimmt da was nicht, Papa. Weißt du, was ich beinahe glaube? Daß da ein Trick dabei ist, warum der liebe Gott die Menschen schlecht sein läßt.«

»Da könntest du recht haben, Kind. Aber wir kommen nicht dahinter, nicht wahr? Deswegen müssen wir glauben und vertrauen.«

»Das ist klar. Uns bleibt ja auch weiter gar nichts übrig, wenn wir in den Himmel kommen wollen. Aber merkwürdig ist das alles schon sehr.«

»Ja. Die ganze Schöpfung ist ein großes Rätsel. Man könnte immerfort fragen: Warum, wieso, woher?«

»Das brauchst du nicht, Papa. Der liebe Gott hat eines Tages die Welt geschaffen. Das ist natürlich lange her, Tausende von Jahren, oder Millionen, das weiß niemand. Auch der Himmel ist mir vollkommen klar. Bloß dies eine: Warum hat Gott nicht alle Menschen gut gemacht, und warum sind die einen krank und haben Schmerzen bis sie tot sind, und die anderen nicht.«

»Gottes Ratschlüsse sind unergründlich,

Kind. Er ist der Allmächtige, der Allwissende, der Alleinwissende. Er liebt die Menschen, und wer ihn wieder liebt, der spürt eine große Ruhe, eine große Geborgenheit. Denk doch daran, wie schön die Abendandachten zu Advent sind! Wie glücklich und geborgen man sich fühlt, wie sicher und behütet im Hause Gottes. Wenn du älter sein wirst, kannst du das noch mehr ermessen. Das Leben kann sehr schön sein, aber die Gewißheit des ewigen Lebens, die Gewißheit später einmal zum allmächtigen Vater heimzukehren und dann alles, alles zu verstehen, das überstrahlt doch unser Erdenwallen viel mehr. Es gibt der Seele Frieden und Festigkeit und uns Menschen ein Ziel, nämlich das Himmelreich. Du möchtest doch auch gern in den Himmel kommen?«

»Klar. Aber meinst du, daß ich das schaffe? Ich bin manchmal ziemlich ungezogen.«

»Ungezogenheiten werden hier auf Erden bestraft. Die interessieren den lieben Gott nicht. Das sind Sachen, die müssen wir unter uns regeln. Gott richtet nur zweierlei: Die Lieblosigkeit und die Gemeinheit.«

Sabine nickte. Plötzlich schlugen ihre Gedanken um und kehrten in die praktische Nutzanwendung zurück.

»Wenn du jetzt auf das Eismännchen schießt, Papa, macht das dem lieben Gott gar nichts aus. Hast du ja selbst gesagt. Jetzt tu's aber auch!«

»Du! – Ich tu's!«

»Ja, schieß! Aber treffen, Papa, treffen!«

Pastor Pretorius sah sich nach allen Seiten um. Kein Mensch beobachtete ihn.

Er legte sich eine Kastanie zurecht und holte aus: Ein Klirren und das Kellerfenster des Bäckers lag in Scherben. Sabine stand starr und stumm.

Die Ladentür öffnete sich, und der dicke Fehring schnaufte wie ein Bison heraus.

Beim Anblick des Pastors glätteten sich seine Züge und er begrüßte ihn herzlich und sozusagen kollegial, denn Bäcker Fehring war das hervorragendste Mitglied des Kirchenrats. Dann jedoch schwenkte sein Blick streng auf das Kind.

»Sabine!«

»Herr Fehring?«

»Du Wurm des Unglücks, Vogel des Pechs! Wie steht in der Bibel geschrieben? 1. Moses, Vers 10: ›Warum hast du das getan? Du hast an uns gehandelt, wie du an mir nicht handeln solltest‹.«

»Herr Fehring, ich schwör's, ich war's nicht!«

»Sabine, wie sagt Luther zum 2. Gebot? ›Wir sollen Gott fürchten und lieben, daß wir bei seinem Namen nicht fluchen, schwören und so weiter‹.«

»Aber wenn ich es doch wirklich beschwören kann, Herr Fehring!« Sie zupfte den Vater am Ärmel und flüsterte: »Ich will's nicht sagen, Papa. Was machen wir bloß?«

Pastor Pretorius richtete sich würdevoll auf: »Sabine, antworte Herrn Fehring mit dem Vierten Gebot!«

»O ja, Papa! Herr Fehring, du sollst Vater und Mutter ehren, auf daß es dir wohlergehe und du lange lebest auf Erden.«

Der Bäcker stutzte. Er schaute ungläubig vom Vater auf die Tochter.

»Aha!« sagte er dann. »So war das also! Na, jetzt wollen wir mal sehen, Herr Pastor, ob ich den Schuldigen nicht festnageln kann. Da sage ich: Matthäus 13, Vers 10 ›Warum redest du zu uns in Gleichnissen?‹«

Pastor Pretorius überlegte einen Augenblick. »Sabine, antworte Herrn Fehring mit den Sprüchen Salomonis 25, Vers 9: ›Führe deine Sache und offenbare nicht eines anderen Heimlichkeit‹.«

Sabine bestätigte das energisch mit Kopfnikken zum Bäcker hin.
Fehring spitzte die Lippen:
»So kriegen Sie mich nicht unter, Herr Pastor, Sie wissen, ich bin bibelfest. Da sage ich einfach zu Sabine: Sprüche Salomonis 31, Vers 8: ›Tue deinen Mund auf für die Stummen!‹«
»Lieber Herr Fehring, da antwortet Ihnen Sabine mit Vers 19: ›Die Hoffnung auf einen Treulosen zur Zeit der Not ist wie ein fauler Zahn und ein ausgleitender Fuß!‹«
»Donnerschlag!« lachte der Bäcker, »das war gut! Das war sehr gut. Aber was sagen Sie nun, Herr Pastor: Sprüche 27, Vers 5 ›Offene Strafe ist besser denn heimliche Liebe‹!«
»Haha, Herr Fehring! Epheser 4, Vers 32 belehrt uns eines anderen: ›Seid untereinander freundlich, herzlich und vergebet einer dem anderen.‹«
»Nun muß ich also ganz schweres Geschütz auffahren, Herr Pastor. Höre zu, Sabine: Epheser 4, Vers 25 ›Leget ab die Lüge und redet die Wahrheit, ein jeglicher mit seinem Nächsten. Sintemalen wir untereinander Glieder sind!‹«
Sabine schaute verzweifelt zu ihrem Vater auf: »Wir verlieren, Papa!«

Pretorius beugte sich herab und flüsterte dem Mädchen etwas ins Ohr.

»Jetzt, Herr Fehring«, schrie sie begeistert, »jetzt haben Sie verloren! Matthäus 5, Vers 37, das hätte ich sogar allein gewußt, mir ist es bloß nicht eingefallen. ›Was ich gesagt habe, habe ich gesagt, denn unsere Rede sei ja, ja – nein, nein, und was darüber ist, ist von Übel‹!«

Mit dem letzten Wort holte sie aus und schoß eine Kastanie auf das Eismännchen. In den dröhnenden Theaterdonner rief sie:

»Wie können Sie bloß denken, Herr Fehring, daß ich fünf Meter daneben schieße! Wofür halten Sie mich?«

Der Pastor grüßte: »Adieu, Meister. Ich schicke Ihnen noch heute den Glaser.«

»Nicht nötig, Herr Pastor, Sie haben gewonnen! In allen Lagen – Bibel fragen!«

Pretorius drohte mit dem Finger:

»Sie meinen das doch nicht etwa belustigt?«

»Ich meine es ernst – auch im Scherz.«

# RONDO

In den letzten dreitausend Jahren hat sich ein Ereignis viermal in völliger Gleichheit wiederholt. Es geschah zum erstenmal im Jahre 708 vor Christi Geburt in Babylon. Das zweite Mal trat es im Jahre 398 vor Christus in Athen ein. Zum dritten Male trug es sich im Jahre 1004 in Granada zu. Zum vierten Male wiederholte es sich im Jahre 1947 in Deutschland.

*

Ein Mann hatte dem Statthalter des Königs Sargon II. von Assyrien in Babylon ein Bittgesuch zukommen lassen. Er bat darin, für einen von den Assyrern zu lebenslänglichem Kerker verurteilten Babylonier die Strafe übernehmen zu dürfen. Der Verurteilte lag im Sterben, und es sollte erreicht werden, daß er seine letzte Stunde in Freiheit und bei seinen Eltern erlebte.

Der Statthalter ließ sich den Bittsteller kommen. Es war gegen Abend, als der Fremde zum Palast geführt wurde. Zwei Soldaten in assyrischer Uniform begleiteten ihn die Hauptstraße hinunter, an dem geflügelten Drachen und dem hohen Treppentempel vorbei zum Palast, in dem vor zwei Jahren noch Merodachbaladan, König von Babylon, residiert hatte.

Der Statthalter empfing den Fremden in dem kleinen Säulengang, von dem aus man den Dachgarten der Schatzkammer betreten und ganz Babylon überblicken konnte. Er stand mit abgewandtem Gesicht da, in schwarzdurchwirktes Gold gekleidet, furchterregend düster, und sprach über die Schulter weg:

»Du willst für den Aufrührer in den Kerker gehen. Warum?«

Als der andere schwieg, fuhr der Statthalter fort: »Ich werde es dir und den Deinen sagen. Du willst der Stadt ein Signal geben, du willst Babylon ins Gedächtnis rufen, daß Fremde herrschen, du willst es daran erinnern, daß seine Männer immer noch im Kerker sind, du willst mich in Versuchung führen, du willst, daß ich ihn freilasse, als wäre er schuldlos, du willst ein Held sein, du willst deinem Volk zeigen, daß Helden nötig sind.«

Der Statthalter schwieg und sah über den Garten hinweg auf den fernen Turm, in dem einst Marduks steinernes Bild gestanden hatte. Dann drehte er sich langsam um und sah den Mann an.

»Warum wirfst du dich nicht zu Boden, wenn ich dir mein Gesicht zuwende? Warum wirfst du dich nicht in den Staub, wenn ich dir gezeigt habe, daß ich deine Gedanken kenne?«

Der Mann krampfte seine Hände in die Brust, aber er blieb stehen.

Der Statthalter blickte ihn wie einen Wurm an:

»Habe ich deine Gedanken richtig geraten?«

»Ja!« rief der Mann laut. »Ja, du hast sie erraten!«

»Natürlich«, nickte der Statthalter, »welchen anderen Grund könnte ein Mensch auch haben! Geh!«

*

Dem Mitglied des Regierenden Rates von Athen, Kleonides, wurde eines Morgens kurz vor den Festspielen am Piräus auf einem Tontäfelchen die Botschaft eines Mannes überbracht, der die Bitte aussprach, einen zu lebenslänglichem Kerker Verurteilten und im Sterben Liegenden dadurch befreien zu können, daß er selbst die Strafe übernahm. Der hohe Herr antwortete diesem Bittsteller nicht, obwohl sich seine Botschaften täglich wiederholten und die ganze Stadt davon zu sprechen begann. Schließlich lockte es Kleonides, der hinter dem Poseidontempel am Acharnai-Tor einen kleinen Garten besaß, auf dem Wege dorthin den Mann aufzusuchen und mit ihm zu sprechen.

Der Bittsteller wohnte in einer Kammer, die auf einen engen Hof hinausging. Kleonides sah sich dieses Gesicht, das bei seinem Eintreten große Erregung ausdrückte, lange an.

Dann sagte er: »Du übersendest mir dauernd Bittschriften. Was geht dich der Verurteilte an? Ist er dein Bruder? Nein. Ist er dein Freund? Nein. Mag sein, daß er im Sterben liegt. Es wäre sein Glück. Ob er schuldig ist oder nicht –«

»Er ist nicht schuldig, das ganze Volk weiß es«, schrie der andere.

Kleonides fuhr unbeirrt fort: »Ob er schuldig ist oder nicht, kannst du nicht beurteilen. Das Urteil liegt lange zurück. Die Richter haben entschieden. Wenn du mit ihm tauschen

willst, dann hebst du wie ein listiger Gott den Spruch auf und befreist den Schuldigen. Du selbst bist nicht schuldig, aber du verlangst, daß wir dir etwas antun, als wärest du schuldig. Was denkst du dir eigentlich? Was treibt dich dazu?«
Der Mann zögerte keinen Augenblick zu antworten. Seine Augen leuchteten:
»Geh durch die Straßen, Kleonides, und höre, von wem man spricht, welche Namen in aller Munde sind, wem das Volk sein Gedächtnis bewahrt! Ich war im vergangenen Jahr unter der Menge, die Sokrates das Geleit gab; ich weiß auch, daß man die Tür des Gefängnisses offen ließ; er hätte entfliehen können. Aber er blieb und trank den Giftbecher. Er wird unsterblich werden. Er, er, Kleonides, er und nicht du! Das ist es, was mich treibt, verstehst du? Horche in den Straßen! Man spricht schon von mir, Kleonides! Von mir! Ich will etwas tun, was die Menschen bestaunen und die Götter mit ewigem Ruhm belohnen. Ich will meinen Namen berühmt machen, Kleonides; ich werde bewundert werden von allen Zeiten!«
Der Rat von Athen ließ den Blick durch die ärmliche Kammer schweifen.

»Wenn wir deinen Vorschlag annehmen, willst du dein Leben im Kerker zubringen?« Der Mann lächelte. »Sieh dich um«, sagte er, »was habe ich zu verlieren? Ich sehne mich danach, von den Menschen bewundert und verehrt zu werden! Ich will nicht vergessen werden! Ich will unsterblich sein!«
Kleonides wandte sich zum Gehen.
»Ich dachte es mir«, antwortete er. »Welchen anderen Grund könnte ein Mensch sonst auch haben.«

*

Der Scheich-ul-Islam, Großmufti des Kalifen von Cordoba, erhielt eines Morgens im Monat der Flucht des Propheten in seiner Residenz in Granada die Bittschrift eines jungen Mannes zugesandt, der um die Erlaubnis bat, für einen schwerkranken, zu lebenslänglicher Haft Verurteilten die Strafe übernehmen zu dürfen, damit der Gefangene die Freiheit wiedererlangen und seine letzte Stunde im Anblick des Himmels erleben könne.
Der Scheich-ul-Islam war durch diesen Vorfall sehr verwirrt, vermutete Hintergründe,

die Gefahr für die Herrschaft des Kalifen bringen könnten, und beschloß – nachdem er den Überbringer der Bittschrift, den Muezzin der Moschee des Abu Bekr um die Adresse gefragt hatte, den jungen Mann unversehens selbst aufzusuchen.

Der hohe Herr, dessen Füße gewohnt waren, auf teppichbelegten Mosaiken zu schreiten, mußte durch den Staub vieler schmutziger Gassen gehen, ehe er vor dem Bittsteller stand. Der junge Mann lag auf einem Ruhekissen, und der Mufti sah, daß er gelähmt war.

»Du hast mir eine Bitte gesandt«, begann der Scheich-ul-Islam zögernd, »und ich habe mich nicht gescheut, zu dir zu kommen, denn ich war sehr verwundert und wollte dir sagen, daß es dem Propheten wohlgefälliger wäre, du wünschtest, dein Leben im Kampf statt im Kerker zu verlieren.«

Der junge Mann hob kraftlos die Hände und wies auf seinen Körper.

»Ich sehe«, fuhr der Mufti fort, »ich habe es nicht ahnen können.«

Der Kranke richtete sich mit großer Kraftanstrengung etwas auf und rief:

»Scheich-ul-Islam, Herr, niemand wird mich besser verstehen als du, der Deuter des Koran.

Sieh mich an! Du siehst einen Leib, der wertloser ist als der eines lahmen Hundes, aber du siehst mein Herz nicht, das von den Verheißungen erfüllt ist und glüht. Was, Hoher Herr, habe ich mit meinem Körper zu schaffen, wenn es schon mein Kismet ist, ihn mit mir zu schleppen und in ihm zu wohnen? Auch ich will die Seligkeiten der sieben Himmel Allahs erlangen! Ich will so wie die, die im Kampf gegen die Ungläubigen gefallen sind, die Huris, die blendend Weißen, die Schönen, die Herrlichen im Paradies des siebenten Himmels sehen! Mein Herz verlangt es, denn es ist das Herz eines Helden! Aber mein Körper ist willenlos und gehorcht nicht. Deshalb, Herr, muß ich ohne Schwert, ja sogar ohne ein machtvolles Wort, dessen ich nicht fähig bin, den hohen Lohn erkaufen. Ich muß den Himmel durch ein Opfer über alle Maßen, durch meinen Opfertod erkaufen. Die glückseligen Knaben sollen mich dafür emportragen zu den Helden und der Erzengel mich über Ssiret, die Brücke des Todes, geleiten. Hast du etwas anderes gedacht, Herr? Hast du an den Gefangenen gedacht? Was geht er mich an; soll er sein Kismet tragen!«
Der Scheich-ul-Islam nickte erleichtert: »Ja,

so ist es. Welchen anderen Grund könnte ein Mensch sonst haben!«

*

Im Frühjahr 1947 richtete ein junger Mann an die zuständige Dienststelle in einer deutschen Stadt die Bitte, einen von der Besatzungsmacht zu langer Haft Verurteilten und im Sterben Liegenden freizugeben. Der Bittsteller erbot sich, an Stelle des Sterbenden auf unbegrenzte Zeit ins Gefängnis zu gehen. Er bat, den Gefangenen seine letzten Stunden in Freiheit und bei seinen Angehörigen verleben zu lassen.

Es konnte nicht ausbleiben, daß der Vorfall in der Öffentlichkeit bekannt wurde. Man verbreitete die Meldung mit allen Mitteln der Zeit, ganz einfach, weil es eine merkwürdige Nachricht war.

Während nun alle Welt davon sprach, erteilte die Besatzungsmacht ihre Antwort durch Schweigen, und die deutschen Dienststellen erklärten sich für nicht zuständig.

Eines Tages aber gelang es dem jungen Mann doch endlich, zu einem Offizier des Militärgerichts vorzudringen.

Auch der Richter war noch jung. Er musterte den Bittsteller eine Weile finster, ehe er ihn einer Anrede würdigte.
Dann sagte er:
»Ich höre nun schon seit Wochen bis zum Überdruß von Ihrer unsinnigen Bitte. Was soll das eigentlich heißen? Was ist denn mit Ihnen los? Wollen Sie sich interessant machen? Wollen Sie uns den Nerv töten? Wollen Sie mit Ihrem Gequängel die Aufmerksamkeit darauf lenken, daß ihr unter einer Besatzungsmacht schmachtet oder wie Sie das nennen mögen? Wollen Sie zeigen, daß wir Willkür walten lassen?«
»Nein«, antwortete der junge Mann. »Sie haben sicherlich nach Ihrem Gesetz gehandelt. Ich habe nichts dergleichen gewollt.«
»Sondern? Wollen Sie berühmt werden?«
»Berühmt?«
»In aller Munde sein? Ist es Eitelkeit? Langsam interessiert mich Ihr Beweggrund! Eitelkeit? Ruhmsucht?«
»Dieser Gedanke ist mir nie gekommen. Er ist scheußlich.«
»Aber irgendein Trieb ist es doch!«
»Trieb? Nein. Ein Trieb ist etwas Eingeborenes, etwas, was die Natur mir zu meinen Gun-

sten oder zu meiner Hilfe oder zu meinem Schutz eingegeben hat. Ich –«

»Ah! Ein Philosoph!«

»Nein. Ich bin nicht sehr gebildet, ich bin auch noch zu jung dazu.«

»Den Grund, ich will den Grund wissen! Reden Sie nicht darum herum!«

»Ich tat es, weil ich ein Christ bin.«

»Sie taten es, weil Sie an den lieben Gott glauben? Dann lassen Sie es auch seine Sorge sein.«

»Sie irren sich. An Gott glauben auch Mohammedaner und Hindus. Ich aber bin Christ. Erst seit Christus gibt es dieses eine, große, unbeschreibliche Gefühl, erst Christus hat es uns ins Herz gepflanzt: das Mitleid.«

Der Offizier zündete sich eine Zigarette an.

»Aha!« sagte er. »Ich bin auch Christ. Wir Richter alle sind Christen. Aber es heißt in der Bibel: Gebt dem Kaiser, was des Kaisers ist, und Gott, was Gottes ist. Auf deutsch: Bringen Sie die Sachen nicht durcheinander! Verstanden? *Das* hat Ihr Christus gesagt!«

»Sie begreifen mich nicht. Es ist ja gerade das Ungeheuere und Unbegreifliche und Welterhaltende am Mitleid, daß es nicht anders *kann*, daß es über aller Vernunft ist.«

»Sie wollen sich also einen Gotteslohn verdienen, wie?«

Der junge Mann fuhr zornig auf:

»Lohn, Lohn, Lohn! Immer dreht es sich um Lohn! Glauben Sie vielleicht, daß Gott eine Liste vor sich liegen hat und die einzelnen Verdienstposten abhakt? Ich habe kein Verdienst, denn zum Mitleid bedarf es keines Willens. Ich kann nicht anders! Verstehen Sie das nicht? Gott und Christus sind eins, nicht wahr? Aber ich sage Ihnen: Wären sie es nicht, so würde ich lieber Christus folgen als Gott und lieber in Christus sterben.«

## GROTESKE

Es gibt Menschen, die so beschaffen sind, daß man angesichts ihrer Zuversicht, ihrer Gelassenheit die eigenen Dinge, die leidigen oder die quälenden, sogleich leichter nehmen und sogar belächeln kann. Vielleicht ist das nicht einmal gut, denn Klarheit schafft es nicht; aber es beschwingt das Herz. Solch ein Mensch war der Dr. Dauster.

Noch nicht lange. Früher wäre er entsetzt gewesen, solche Worte über sich zu lesen, sie hätten überhaupt nicht gestimmt. Er war sein Lebtag ein Liebling der Götter gewesen, Modearzt in einer Großstadt, verwöhnt, selbstverständlich ungebunden und ebenfalls selbstverständlich von strotzender Gesundheit. Er konnte zwar nicht wie Graf Luckner, der Seeteufel, ein Telefonbuch mittendurch reißen, aber bis zum Buchstaben R, bevor die vielen Schmidts kommen, hätte er es immer noch geschafft. Ein Mann, der aus dem vollen schöpfen konnte. Er hatte auch viel geschöpft. Er hatte die halbe Welt gesehen. Er war bei Frauen in die Lehre gegangen, aber auch bei Goethe, bei Picasso und Kierkegaard. Ein pralles Leben.

Ein pralles Leben, bis er (damals Mitte Sechzig) von einem Tag auf den anderen seine Praxis aufgab, die Stadt verließ und sich an den Hängen des Rheins ein kleines Häuschen kaufte. Da er sich um niemand mehr kümmerte und keine Briefe beantwortete, schmolz die Schar seiner Freunde im Nu zusammen bis auf einen. Und auch das war mehr ein Zufall. Der Zufall bestand darin, daß dieser Freund auf einer Rückreise aus Frankreich sich plötzlich Dausters erinnerte, als der Zug ganz nahe dem Städtchen über den Rhein donnerte. Er unterbrach die Fahrt und telefonierte. Zu seiner Überraschung war Dauster sehr erfreut und lud den Freund ein, zu ihm zu kommen. Es war schon Abend. Ein Taxi brachte ihn die zwanzig Kilometer zurück zu Dauster.

Er hätte ihn nach all den Jahren kaum wiedererkannt. Dr. Dauster, der auf dem kleinen Marktplatz das Auto schon erwartete, war ein schmächtiger, weißhaariger Herr geworden, aber seine Lebendigkeit war noch die gleiche.

Er begrüßte den Freund mit ausgesprochener Herzlichkeit, faßte ihn unter den Arm, nahm ihm den Koffer ab und marschierte los.
Das kleine Städtchen, dessen Häuser von der schmalen Uferstraße aus die Hügel hinanstiegen, lag schon im Schlaf. Vom Wasser her, in dem sich ein paar Laternen spiegelten, schien es wie aus einem Bilderbuch, die Häuser schimmerten mattweiß in der Dunkelheit, schwere Zweige hingen aus den Gärten über Mauern und Zäune, malerische Treppen führten den Hang hinan, unter krausen, geschmiedeten Zunftschildern und zwischen steinernen Torbögen hindurch. Nirgends war ein Laut. Die Vorstellung, gleich in solch einen Garten, in solch ein Häuschen zu treten und erwartet zu werden, diese Vorstellung war außerordentlich schön.
Das Haus des Doktors war schmal und klein, über und über mit Reben bewachsen.
Mit einem altmodischen Schlüssel öffnete Dauster die Tür, knipste überall Licht an und führte den Freund sogleich in das ihm zugedachte Zimmer, wo ein Imbiß bereitstand.
Eigenartigerweise leistete er seinem Gast nicht mehr Gesellschaft, sondern sagte:
»Ich lasse Sie allein, schlafen Sie gut. Morgen

früh werde ich das Wiedersehn um so mehr genießen.«

Der Freund verstand Dauster ganz gut.

Am anderen Morgen weckten ihn die Sonne, das Klappern von Geschirr und der Duft von Kaffee.

Dauster stand schon im Garten und schnitt einen Strauß Blumen. Er trug Pantoffeln an den Füßen, hatte eine rote Hausjoppe an und einen Strohhut auf dem Kopf. Als er den Freund am Fenster erblickte, kam er herein und holte ihn an den Frühstückstisch.

Alles war sehr idyllisch, Spitzweg-artig, reizvoll und hausbacken. Was ist bloß los, dachte der Freund, wo waren der Schwung, der Wissensdurst, das Kunstverständnis, der Lebensdrang geblieben? In den Stuben standen Biedermeiermöbel, an den Wänden hingen Capri, Neapel und Alpenglühen, in den Bücherschränken reihten sich Ganghofer an Gerstäcker und Rudolf Herzog. Dazwischen standen einige geologische Werke.

Eine robuste Bürgersfrau versorgte all diese Dinge und ihren Besitzer. Sie rumorte in der Küche, als die beiden Herren zu einem Spaziergang aufbrachen, und rumorte immer noch, als sie zurückkehrten.

Zu Mittag gab es einen gewaltigen Braten und süße Nachspeisen. Dann hielten die Freunde in Liegestühlen ihren Kef, während das Rumoren in der Küche weiterging. Drei Stunden später marschierte man an den Kaffeetisch mit seinem – ahnte er's doch! – duftenden Napfkuchen.

So verging unter behäbigen Genüssen und ausgetauschten Erinnerungen langsam der Tag.

Als es dämmrig wurde, saßen sich die beiden Freunde bei einem Glas Wein am Fenster gegenüber und der Augenblick war gekommen, wo der Gast die Frage stellte, die ihn schon den ganzen Tag über gequält hatte, die Frage, wohin Dausters früheres Ich, seine Lebenslust, sein geistiger Anspruch, sein kritischer Sinn gekommen waren, wie dies alles in Bescheidenheit und Resignation umschlagen konnte.

Dr. Dauster schaute eine Weile über die Giebel der Häuser hinweg auf den Fluß hinaus, und es sah so aus, als würde er die Antwort schuldig bleiben.

»Habe ich Sie verstimmt?« fragte der Freund besorgt. Dauster schüttelte den Kopf. »Nein, nein. Ich überlegte nur, ob meine Wandlung –

wie Sie es nennen – so schwer zu verstehen ist. Gefällt es Ihnen nicht bei mir?«

»Wie können Sie fragen! Ich habe selten einen so schönen Tag erlebt wie heute.«

»Ist das wahr?«

»Ganz gewiß ist das wahr.«

»Glauben Sie, daß er genau so – ich sage nicht schön, ich sage heilend – daß er genau so wohltuend, so heilsam geworden wäre, wenn wir über Spengler und Einstein gesprochen hätten und wenn ein van Gogh an der Wand hinge?«

Der Freund antwortete nicht, er sah Dauster fragend an, und der alte Herr fuhr fort:

»Ich hatte das alles, ich brauche es nicht mehr.«

»Sie brauchen es nicht mehr? Brauchen? Man liebt das alles oder man liebt es nicht. Wenn man es liebt, mag man nicht ohne diese Umwelt leben. Das Auge, das van Gogh liebt, mag keinen Elfenreigen mehr. Ist es nicht so?«

»Nicht ganz, nicht ganz. Ich habe –«

»Natürlich, Entschuldigung. Einen Elfenreigen haben Sie selbstredend nicht hängen.«

»Doch, doch! Ich *habe* in einer Kammer einen Elfenreigen an der Wand. Wissen Sie denn nicht, daß ein Elfenreigen etwas sehr Schönes ist? Im Ballett ist er geradezu zu Hause. Hans Thoma und Botticelli haben ihn gemalt. Meiner ist allerdings nicht so anspruchsvoll. Er ist rührender und daher erschütternder.«

»Daher?«

»Ja. Das Rührende ist immer erschütternd für ein empfindsames Herz. Auf meinem Bild sind es drei Mädchen, die Linchen, Minchen und Trinchen heißen könnten, dumme, unschuldige Kinder, die noch nichts von der Welt wissen und alle menschlichen Erfahrungen noch vor sich haben. Ihre Gewänder sind so, wie sich die Menschen dort unten im Städtchen die Nachthemden von Königinnen vorstellen. Der Mond, das Schilf, die Schwäne sind so gemalt, wie ich sie als Kind sah und seitdem nie mehr so glücklich und zufrieden war, wie ich Ihnen versichern kann. Ich habe im Leben vielerlei Stationen durchgemacht. Meine Nahrung, sowohl meine körperliche wie meine geistige, wechselte. Aber es ist doch alles nur Nahrung geblieben, und wenn man es so bezeichnet, ist es doch nicht verwunderlich, daß man auf eine frühere Nahrung zurückkommt.«

»Ja, aber warum? Warum? Sechs mal sechs ist sechsunddreißig, und nicht, wie Sie als Kind vielleicht mal gerechnet haben, neunundvierzig.«

»Sie sind ungerecht«, sagte Dauster. »Sie wollen mir einen verwirrten Geist unterschieben. Ich bin jedoch bei bestem Verstande und außerordentlich glücklich. Freilich ist sechs mal sechs sechsunddreißig. Etwas anderes behauptet eher Botticelli als mein Elfenreigen. Seien Sie doch ehrlich! Es ist doch nicht das bessere Wissen, sondern lediglich die Furcht vor einer eingebildeten Banalität, daß Botticelli das Mondlicht und den Wald anders malt als er ihn sieht. Gestehen Sie: Der Mond ist ja gar nicht so, er ist ja tatsächlich ein Spiegelei. Und das Schilf ist grün und das Wasser schwarzblau, und Schwäne sehen wirklich sehr schön und romantisch darauf aus. Warum wollen wir denn Angst davor haben und verfeinern und verbiegen? Das sind doch alles nur Umschreibungen der Furcht. Freilich sind es großartige Umschreibungen, die Elfen von Botticelli, die Madonnen von Dürer, die Märtyrer von El Greco. Ich weiß das wohl. Aber ich will diese Dinge nicht mehr um mich, ich brauche sie nicht mehr. Ich habe inzwischen begriffen, daß das ein Umweg, ein komplizierter, ein viel zu komplizierter und eitler Genuß ist. Ich habe viel darüber nachgedacht, daß das Glücksempfinden beim Alpenglühen und das Glücksempfinden bei Lovis Corinths Walchensee irgendwie eine gemeinsame Ebene, eine gemeinsame Richtigkeit haben müssen. Und ich bin zu der Erkenntnis gekommen, daß es wirklich so ist. Ich habe mich in die Alpenglühen und Märchenseen tief hineingedacht und bin dabei sehr glücklich geworden.

Ich will Ihnen noch etwas gestehen: Ich habe sogar etwas Angst vor den anderen, den anspruchsvollen Dingen bekommen. Stets habe ich das seltsame Gefühl, als fordere man seine Gesundheit, seine innere Gesundheit, heraus.«

»Dauster! Ist das alles Ihr Ernst?«

»Es ist mein völliger Ernst«, erwiderte Dauster. Er stand auf: »Ehe wir weiterreden, mein lieber Freund, hole ich Ihnen eine Zigarre, eine wunderbare Importe.«

Er brachte sie.

Dann, als die Zigarren brannten, fuhr er fort: »Was nützen uns denn die großen Denker? Unserer Seele, glaube ich, sehr wenig. Sehen Sie: Ich war immer ein gottgläubiger Mann. Aber ich war früher kein guter Christ, denn

ich war unruhig, ohne Gelassenheit, voller Fragen, voller Ungewißheit, voller Drängen und Bohren, voller Suchen, voller Zweifel. Ich hatte keine Ahnung, in welchem Glück und in welcher Ruhe das Herz leben kann. Wenn das einfältigste Kind die großen Denker und Forscher bei der Hand nimmt, sie vor den Tod führt und an sie die alten, ewigen Fragen nach dem Warum, Woher und Wohin richtet, so müssen sie schweigen.
Ich bin zur Besinnung gekommen. Ich habe es erreicht, mich nicht mehr quälen zu müssen, nicht mehr grübeln zu müssen, nicht mehr zweifeln zu müssen. Dazu gehört ein gläubiges und dankbares Herz. Es gehört auch ein einfaches Herz dazu, ja, ich erlaube Ihnen sogar zu sagen: ein kindliches Herz. Je kindlicher, desto besser.
Sie lächeln? Tun Sie's nicht, Sie haben keinen Grund dazu. Das Grübeln, das in Wahrheit aus dem Unglauben kommt, habe ich vollständig abgetan. Ich habe meinen Himmel wieder mit Engeln, mit Heiligen und Harfen bevölkert. Die Harfe ist ein so wundervolles Instrument, daß ich wirklich hoffe, es im Himmel einmal vorzufinden. Auch ist nichts schöner, würdiger, ehrfurchtgebietender als

ein edler bärtiger Greis, und ich bin sicher, daß die Apostel und Evangelisten so aussehen, wenn ich ihnen einst begegnen werde. Mein Herz wird leicht, mir scheint die Luft, die Sonne, die Erde schöner zu werden, die Rosen roter und alles um vieles inniger, fröhlicher und befreiender, wenn ich an meinen Himmel, an seine helle Weite, seinen großen Glanz, seine Harmonie, seine kindliche Reinheit und Weiße denke. Sie lächeln nicht mehr?«

»Nein. Ich bin bewegt, obwohl ich Ihnen nicht einen Schritt weit folgen kann. Sehen Sie denn keine Kehrseite dieser rosaroten Anspruchslosigkeit, mein Freund?«

»Doch! Und ob ich sie sehe! Ich habe mich in letzter Zeit viel mit der Hölle beschäftigt. Sie werden bei meinen Büchern einige geologische Werke gesehen haben. Gesteine, Schichtungen und ähnliches interessiert mich dabei nicht. Ich habe diese Bücher nur studiert, um über das Erdinnere, seine mutmaßliche Größe, seine Beschaffenheit und dergleichen Genaues zu erfahren.

Ich bin heute fest überzeugt, daß sich die Hölle nirgendwo anders als im Innern unserer Erde befindet. Ich sehe in den Vulkanen die

Schlote, durch die die Dämpfe und die kolossale Hitze entweichen können und die Schlakken entfernt werden. Allein schon die Temperaturen, die wir in der Erdrinde zu messen imstande sind, deuten auf das hin, was die Hölle davon aufweist. Jedoch werden die Grade verschieden sein. Ich könnte mir denken, daß der Anblick allein schon das Fegefeuer darstellt, jene dantesche Wanderung durch die Hölle der Schmachtenden, der Glaubenlosen, der Sünder, der Verbrecher in sich immer mehr steigernden Qualen bis zum Erdmittelpunkt für die endgültig Verdammten.

Nicht im klaren bin ich mir darüber, wo sich der Schoß Abrahams befinden mag. Jedenfalls, eines steht fest, und ich kann es Ihnen anhand von Berechnungen jederzeit beweisen, daß das Erdinnere bei weitem ausreicht, um für alle vergangenen und kommenden Jahre die Menschen aufzunehmen. Sein Fassungsvermögen ist unvorstellbar.«

Der Gast saß eine Weile stumm da. Dauster rauchte fröhlich seine Zigarre.

»Sie sprechen«, sagte der Freund endlich, »immer nur von der Erde.«

»Natürlich.«

»Ist es so natürlich? Ist unser Planet der einzige, der Leben trägt, Leben, vielleicht sogar Menschen?«

»Gewiß.«

»Gewiß?« seufzte der andere.

»Ja, glauben Sie, Gott habe Christus auf eine Rundreise geschickt? Gott hat ihn dahin gesandt, wo seine Schöpfung, das Menschengeschlecht, war, nämlich auf den Erdball. Alles andere um den Erdball herum ist Tand und Trug. Hier –«, er klopfte auf die Lehne seines Sessels – »hier fand die Schöpfung statt und hier wird sich am Jüngsten Tage auch ihr Sinn erfüllen.«

»Sie sind in Ihrem Leben einen weiten Weg gegangen, lieber Dauster, einen weiten Weg zurück.«

»Zurück? O nein!«

»Etwa vorwärts?«

»Auch nicht. Sondern im Kreise. In dem großen Kreis: Glaube – Hoffnung – Zweifel – Ungewißheit – Verleugnung – Ungewißheit – Skepsis – Hoffnung – Glaube. Ich bin an dem Punkte angelangt, wo ich gläubig, fraglos gläubig, und daher glücklich bin.«

Der Gast stand auf, ging zum Schalter und drehte das Licht an.

»Das Licht«, lächelte Dauster, »ändert nichts.

Was ich Ihnen sagte, meine ich ernst. Ich habe mich darein gerettet. In einen windstillen, guten Hafen. Draußen markiert die Welt den Starken und gebärdet sich wie verrückt. Ich möchte nicht wissen, wie es in den Menschen aussieht.

Wenn Sie mir folgen könnten – Sie würden auch glücklicher sein.«

»Ich bin nicht unglücklich! Warum glauben Sie, daß ich . . .«

»Nicht unglücklich? Das genügt nicht. Aber Schluß! Wir wollen jetzt zu Abend essen. Nachher, sofern Sie Lust haben, laden wir jemanden ein, und zwar eine sehr kluge, sehr schöne Studentin, die mir stets viel Freude macht. Sie ist – wie ich auch einmal – so gesund und munter, so sorglos und keck, daß sie mich immer auslacht. Aber glücklicher, glücklicher als ich ist sie sicher nicht.«

## FURIOSO

In einer Villa in Bogenhausen, nicht weit von dem Hause, in dem einst Thomas Mann viele Jahre lang gelebt hat, saßen drei Menschen beisammen. Es war Winter; es dunkelte schon. Von draußen hörte man kaum einen Laut. Der Kamin brannte, das Holz knisterte und knackte und verbreitete einen schwachen Harzgeruch im Zimmer. Der Widerschein des Feuers flatterte über die Zimmerdecke, über die Teppiche und auch über die drei Menschen.

Ein friedliches Bild. Der Tag geht zur Ruhe, die Dämmerung macht der Geschäftigkeit ein Ende. Vor dem Fenster fällt der Schnee in dikken Flocken und deckt alle Geräusche zu. Schöne Welt. Ein Wintertag mit knirschendem Schnee, ein Frühlingstag mit einem Blütenzweig, ein Sommertag mit Spatzen, die in der Mittagssonne im Staub der Landstraße baden. Das sind Bilder, die das Schicksal von Zeit zu Zeit aus der Schublade kramt, aus seiner alten Schublade, voll von Kleinkram des

Glücks noch aus der kurzen Zeit des Paradieses.

Aber an so einem Wintertag darf man nicht frieren, an so einem Frühlingstag nicht krank sein und an solchem Sommertag nicht heimatlos. Am schlimmsten ist es, wenn das Herz krank ist. Dann nützt sogar der Kamin nichts, und nichts die Teppiche und nichts die Villa in Bogenhausen. Was nützt dann? Liebe?

Die drei Personen, die lange Zeit schweigend vor dem Feuer saßen, waren der Hausherr, seine Frau und seine Schwester. Herr Wildt, der heute seinen vierzigsten Geburtstag gefeiert hatte, war ein Koloß von Mann. Seine Frau, zierlich und mädchenhaft, wirkte schüchtern und schweigsam; sie schien von dem Trubel des Tages, dem festlichen Mittagessen und dem Durcheinander des Nachmittags mit dem Kommen und Gehen der Gratulanten erschöpft zu sein. Seine Schwester, Marianne Wildt, glich dem Bruder in nichts; eine schlanke, schöne, sehr ernst wirkende Frau. Sie war Ärztin.

Ein friedliches Bild. Wildt rauchte eine Zigarre. Er versuchte, Ringe zu blasen. Als ihm endlich, nach vielen Grimassen, ein prächtiger Saturnring glückte, schauten alle dem schaukelnden Kreis nach, bis er vom Feuerloch eingeschluckt wurde.

»Hübsch«, sagte Marianne. Und nach einer Weile: »Ich bin so gern bei euch.«

»Komm doch öfter.«

»Ach, ich habe doch keine Zeit. Jetzt beginnen die Grippewellen. Ich stehe morgens in der Dunkelheit auf, sehe zwölf Stunden lang nur mein Sprechzimmer oder fremde Wohnungen mit Kranken, mit Alten, mit Hinfälligen oder gar mit Sterbenden. Abends sehe ich eine halbe Stunde Martin, dann mache ich Abrechnungen, und dann falle ich ins Bett. Ich weiß gar nicht mehr, wie das ist: Zeit haben und jung sein. Aber ich bin doch noch jung, nicht?«

»Gottverdammt jung«, sagte der Bruder.

»Warum fluchst du?«

»Ich fluche?« fragte Wildt.

»Ja.«

»Geh, geh, geh! Ich fluche vielleicht, aber ich *ver*fluche doch niemand. Du sollst nicht derartig engherzig sein, Marianne!«

»Gott hat es verboten. Außerdem ist es nicht nötig.«

»Nicht nötig? Das ist der Saft vom Braten! Und wo hat Gott es verboten?«

»Ich weiß nicht; bei Moses.«
»Nicht die Bohne! Im Alten Testament wird mörderisch geflucht.«
»Ach, du bist ein Kindskopf! Ich bin also noch jung, auch ohne Saft vom Braten?«
»Ich möchte noch einmal zweiunddreißig sein.«
»Und die Jahre noch einmal so erleben? Oder andere?«
»Andere natürlich! Was soll ich mit den gleichen zum zweitenmal? Ich bin neugierig auf jede Stunde, ich bin neugierig auf Leben, ich kann nicht genug davon bekommen. Saftig und gepfeffert, verstehst du!«
»Nein, bitte nicht.«
»Du bist doch ein Angsthase, Marianne! Wenn ihr heiratet, wird alles anders. Martin gibt das Krankenhaus auf und ihr schmeißt die Praxis zu zweit. Dann werden wir zu dir kommen, an eurem Kamin sitzen und sagen: bei dir ist es immer so gemütlich.«
»Ich kann's noch nicht glauben, obwohl ich Tag und Nacht daran denke.«
Wildt wandte sich seiner immer schweigsamen Frau zu:
»Heute bist du wieder mal derart geschwätzig, daß man nicht zu Wort kommt.«

Sie schien diesen Vers zu kennen und lächelte. Dann aber tat sie doch den Mund auf und sprach die gewichtigen Worte:
»Ich glaube, es hat geklingelt – ?«
»Das wird Oberkamp sein«, sagte Wildt, »bitte, geh' ihm doch entgegen!«
Der Name hatte eine unvorhergesehene Wirkung: Marianne sprang auf und rief: »Nein!«
»Was: nein?« fragte ihr Bruder verwundert.
»Ich kann ihm jetzt nicht begegnen!«
»Komm, sei vernünftig! Setz dich wieder. Er ist zufällig dein Pfarrer, aber er kommt nicht als Apostel, sondern als mein Kriegskamerad, der mir zum Geburtstag gratulieren will. Ist das klar?«
Er war aufgestanden und drückte seine Schwester an sich.
Pfarrer von Oberkamp war ein hochgewachsener Mann, so groß wie Wildt, aber schlank und bronzen, mit einem Kopf, wie man ihn sich für Kardinäle und Lordkanzler wünscht. Das Lächeln, mit dem er eintrat, war das des Seelenhirten und paßte gar nicht zu ihm. Es hielt an, bis Wildt auf ihn zutrat und ihm zur Begrüßung mit aller Kraft auf die Schulter schlug.
Oberkamp lachte: »Du Kraftprotz! Soll ich

dir auch kräftig auf die Schulter schlagen?«
»Nein!« Wildt hob die Hände. »Ich habe im linken Arm das Zipperlein.«
»Natürlich! Du wirst alt.«
So ging das nach der Begrüßung hin und her. Wildt bot Oberkamp Zigarren an, wobei ihm einfiel, daß der Pfarrer nur heimlich rauchte. Nicht heimlich, verbesserte Oberkamp, er rauche nicht in Gegenwart anderer und nicht in der Öffentlichkeit. Er sei der Meinung, der Anblick eines Menschen, der an einer Zigarre oder an einem Pfeifenstiel sauge, wirke nicht eben würdig, und er sehe nicht ein, warum er als Geistlicher auch nur einen Moment lang diesen Eindruck machen solle.
Marianne, ohne den Pfarrer anzusehen:
»Ja, das ist *eine* mögliche Anschauung. Sie verrät Unsicherheit und Angst. Eine andere Anschauung ist, daß von den kleinen menschlichen Schwächen, die ein Geistlicher mit allen anderen Menschen teilt, Wärme ausstrahlt. Oder irre ich mich?«
»Sie irren sich nicht«, erwiderte Oberkamp, und sein mildes Lächeln war wieder da. »Sie irren sich nicht. Aber ich habe diese Wärme nicht und darf es daher nicht tun. Von mir strahlt keine Wärme aus – nicht wahr?«

»Nein«, sagte Marianne.
Ihr Bruder war einen Augenblick sprachlos.
»Au, verflucht!« staunte er. Das verzeihende Lächeln Oberkamps vertiefte sich.
»Übrigens«, sagte der Pfarrer, »fluche nicht, Wildt!«
»Du lieber Himmel! Das habe ich heute schon mal gehört. Ich habe gerade vorhin meine fromme Schwester belehrt, daß in der Bibel dauernd geflucht wird. Es erleichtert.«
»Du bist leichtfertig, sei mir nicht böse.«
»Gott, lieber Oberkamp, versteht mich schon. Er ist sicher großzügiger als deine Kirche.«
»Warum betonst du das so? Es ist auch *deine* Kirche.«
»Ich gehe doch mit dem Gedanken um, auszutreten. Das weißt du doch!«
»Ich weiß. Du sagst es seit zwei Jahren. Wegen der Kirchensteuer! Es wäre zum Lachen, wenn es nicht zum Weinen wäre. Zum Glück brauche ich dich nicht ernst zu nehmen.«
»Eine Kirche darf überhaupt keine Steuer erheben. Schämt ihr euch nicht?«
»Nein. Wir sind – muß ich dir das wirklich erklären – eine Gemeinschaft, und eine Gemeinschaft verlangt ein gemeinsames Opfer.«

»Klar.«
»Wovon sollen wir sonst leben?«
»Weiß ich nicht. Von Spenden. Wovon hat Paulus gelebt?«
»Ich sehe«, Oberkamp schüttelte den Kopf, »daß du am Ende radikaler und strenger bist als ich. Nur bei deiner Schwester bist du nicht so streng.«
»Wieso?«
»Ich frage mich – da du ja noch immer Katholik bist – wie du die Verlobung deiner Schwester mit deinem Glauben vereinst?«
Wildt antwortete nicht gleich. Die Wendung tat ihm leid.
»Die Verlobung mit Martin?« meinte er leichthin.
»Die Verlobung mit einem – wie inzwischen alle Welt weiß – Atheisten. Nicht irgendeinem Atheisten: einem kämpferischen Atheisten.«
»Ach so. Ja. Martin ist ein liebenswerter Mensch. Äußerst liebenswert, würde ich sagen.«
»Ich weiß nicht, Wildt, ob wir uns richtig verstehen. Er ist die keineswegs unschuldige Ursache, daß deine Schwester in schwersten Gewissensnöten ist. Die Tatsache, daß er Atheist ist, ist schon genug, daß er aber auch noch auf

den Austritt deiner Schwester aus der Kirche besteht, das ist infam.«

»Für mich nicht. Meine Schwester sitzt dort. Frag sie.«

»Laß! Nicht jetzt!« sagte Marianne müde. »Ach, wäre ich doch nur vorhin gegangen.«

»– geflohen«, verbesserte Oberkamp.

»Ich brauche nicht mehr zu fliehen. Ich habe mich geprüft, ich habe mich in qualvollen Tagen und Nächten geprüft und mich entschieden.«

Oberkamp trat vor sie hin und sah auf sie hinab: »Geprüft? Wo? In der Kirche kniend? Angesichts des Allerheiligsten? *Das* ist der Ort, an dem Sie sich prüfen müssen. Das ist der Ort, wo Ihnen der Schritt, den Sie zu tun im Begriff sind, als ungeheuerlich klar geworden wäre. Ich beobachte Sie schon, seit ich hier eingetreten bin: Sie sind wie ausgelöscht. Wie eine Zentnerlast scheint auf Ihrem Herzen zu liegen, daß Ihr Verlobter Sie aus den Armen der Kirche reißen will. Das verlangt er doch? Sie haben es mir selbst gestanden.«

»Ja.«

»Und das macht Sie nicht stutzig?«

»Nein. Er läßt mir meinen Glauben. Er hat es mir hundertmal versichert und mich nie gekränkt. Er verlangt nur meine Selbstbefreiung aus einer irdischen Organisation.«

»Sie wissen nicht, was Sie reden!«, rief der Pfarrer zornig, »Selbstbefreiung! Was für ein abscheuliches Wort! Irdische Organisation! Und Sie wollen diesem von Gott verlassenen Mann mehr gehorchen als Jesus Christus?«

»Christus, Hochwürden, hat nirgends gesagt, daß . . .«

»Er hat sehr wohl gesagt! Er spricht bei Matthäus 16: Du bist Petrus, und auf diesen Felsen will ich bauen meine Gemeinde und will dir des Himmelreiches Schlüssel geben. Alles, was du auf Erden binden wirst, soll auch im Himmel gebunden sein, und alles, was du auf Erden lösen wirst, soll auch im Himmel los sein.«

»Petrus«, warf Wildt ein, »Petrus ist tot, Oberkamp, sehr lange schon, und in dieser langen Zeit ist aus der Gemeinde eine Riesenorganisation geworden mit . . .«

»Schweig! Dieses Urteil steht dir nicht zu. Die Kirche ist das Vermächtnis Christi. Sie ist nicht ich, sie ist nicht der Papst, sie ist Christus selbst. Er ist es, der deine Schwester aus seiner Gemeinschaft ausschließt, wenn sie sie verläßt!«

»Nein!« schrie Marianne empört. »Stünde Christus in diesem Augenblick vor mir, so würde ich mit den Fäusten auf seine Brust trommeln und . . .«

»Sie sind von Sinnen!«

»Ich bin nicht von Sinnen! Das würde ich tun und ihm sagen: Herr, du kannst mich nicht verstoßen, denn ich bin dieselbe noch, die an dich glaubt. Auch wenn du mich am Jüngsten Tag verdammen wolltest, so würde ich noch in der Hölle an dich glauben, da kannst du gar nichts machen!«

»Sie sind wahrhaftig von Sinnen! Beruhigen Sie sich! Beruhigen Sie sich doch wieder!«

»Ich *bin* ruhig, Hochwürden.«

»Na, ich danke! Sie erfassen ja gar nicht, was Sie sagen und vor welchem Schritt Sie stehen.«

»Dieser Schritt ist keineswegs so ungeheuerlich, wie Sie meinen.«

Plötzlich schaltete sich mit einer energischen Gebärde ihr Bruder ein.

»Lieber Oberkamp! Heute ist mein Geburtstag, und du bist wohl gekommen, um mir Glück zu wünschen . . .«

Der Pfarrer fuhr sich mit der Hand über die Augen und murmelte: »Entschuldige!«

»Gut. Ich entschuldige. Ich halte es sogar für

ganz glücklich, daß die große Auseinandersetzung vor meinen Ohren stattfindet . . .«
»Ich habe mich doch bereits entschuldigt!«, wiederholte Oberkamp unwillig.
»Ja, ja. Und es genügt auch. Ich habe euch unterbrochen, dich und Marianne, weil ich euch etwas sagen möchte, was besonders für dich, Marianne, wichtig und beruhigend sein wird. Du weißt, Oberkamp, daß meine Frau protestantisch ist . . .«
Der Pfarrer machte eine ungeduldige Bewegung.
»Ich habe«, fuhr Wildt fort, »mit ihrem Pastor über Marianne gesprochen. Weißt du, was der mir sagte?«
»Was wird ein Lutheraner schon sagen, Wildt!«
»Er zitierte nicht Luther, da irrst du. Er zitierte die Kirchenväter. Ich erklärte ihm, daß meine fromme Schwester nichts mehr fürchte, als Unrecht zu tun; nichts schlimmer fände, als daß ihr Austritt aus der Kirche einen beschämend irdischen Grund habe, und daß sie sich fürchte, wie Petrus den Herrn zu verleugnen, ehe der Hahn dreimal krähte – oder wie die Stelle heißt; ist ja egal. Du gibst zu, daß ich nichts beschönigte? Also, er antwortete

ganz pedantisch genau folgendes: Wir haben hier also eine Frau und einen Mann, die sich lieben. Die Frau ist im Leben erfahren, sie weiß, was sie tut. Diese Frau ist vor den Mann hingetreten . . .«

»Das ist ja fürchterlich«, stöhnte Marianne, »hat sich das wirklich so abgespielt?«

»Genau so. Warum? Daran ist doch nichts Fürchterliches? Er fuhr fort: Diese Frau ist vor den Mann hingetreten und hat ihn gefragt: Sag, wie hast du's mit der Religion? Und der Mann hat geantwortet: Überhaupt nicht; ich glaube an einen Sinn der Welt, aber an kein Dogma. Die katholische Kirche verwirft das nicht, sondern – vergiß nicht, Oberkamp, das sage nicht ich, sondern das antwortete mir dein Kollege von der anderen Fakultät – sondern die katholische Lehre hält sogar einen Austritt aus der katholischen Gemeinschaft ausdrücklich für denkbar und möglich, und zwar ohne Verlust des ewigen Lebens.«

»Das ist Irrsinn!« rief Oberkamp noch in die letzten Worte Wildts hinein.

»Das glaubte ich auch, Oberkamp, aber er zitierte Thomas von Aquin, und ich habe es mir sorgfältig gemerkt: Wenn ein Christ zu der Gewissensüberzeugung käme, daß die katholische nicht die seligmachende Institution ist, so würde er die Hölle und die ewige Verdammnis riskieren, wenn er in dieser Kirche bliebe.«

»Gut gebrüllt, Löwe Martin Luther!« rief der Pfarrer sarkastisch. »Wie zitierte er den heiligen Thomas? Gewissensüberzeugung? Ist es Ihre Gewissensüberzeugung, Fräulein Wildt? Seit wann? Nein! Sie wollen einen Notausgang benutzen. Um einer irdischen, vergänglichen Liebe willen! Antworten Sie!«

»Hochwürden, ›vergänglich‹ setzt das Irdische nicht herab. Alles ist vergänglich. Und irdisch? Ist die Kirche nicht irdisch?«

»Sie ist von Gott gegeben!«

»Und die Liebe? Ist sie nicht von Gott gegeben?«

»Die irdische Liebe ist etwas durchaus Unwichtiges für jenen Augenblick, wo wir einst vor dem höchsten Richter stehen werden. Dringen meine Worte überhaupt noch in Ihr Herz? Ehe der Hahn . . .«

»Petrus, Hochwürden, bekam dennoch den Schlüssel zum Himmelreich. Oder?«

»Jawohl! Er war einen Augenblick schwach. Sie aber wollen für immer abtrünnig werden!«

»Wem? Ihnen! Nicht Gott! Gott ist nicht katholisch, er gehört keiner Kirche an. Die Kirche ist genauso irdisch, wie Sie die Liebe nennen. Und irdisch sind auch die hartherzigen Gesetze der Kirche! Anstelle der Macht der Liebe ist die Liebe zur Macht getreten. Widerlegen Sie Martin, antworten Sie ihm!«

»Nein, meine Liebe, diese Mühe mache ich mir nicht. Der Glaube steht auf einer anderen Ebene als die erbärmliche Logik.«

Er trat zu ihr und legte ihr die Hand auf die Schulter: »Ich will Ihnen helfen, begreifen Sie doch! In Augenblicken der Not sind wir immer da.«

Marianne machte eine unwillige Bewegung, und seine Hand sank herab: »Ich bin nicht mehr in Not. Aber ich war es. Ich habe mich durchgekämpft. Allein. Wo waren Sie da?«

»Wo ich hingehöre. In der Kirche. Im Beichtstuhl. Dort konnten Sie mich finden.«

»Einen Monat lang, seit Sie mich nicht mehr in der Kirche sahen und von meiner Lage wußten, haben Sie gewartet, Herr Pfarrer? Den umgekehrten Weg haben Sie nicht gefunden? Nun gut. Keine Sorge, ich habe es überstanden.«

»Glauben Sie! Noch lange nicht überstanden! Ihr Leben . . .«

»Mein Leben!«, fuhr Marianne noch einmal auf. »Ich habe nur dieses eine Leben. Ich habe es bisher in Arbeit zugebracht, tagaus, tagein. Ich bin jetzt über dreißig Jahre alt. Und nun soll mein bißchen Glück, das doch wohl auch von Gott kommt, unrecht sein? Ich glaube Ihnen nicht mehr. Sie sprechen von Seelenheil und meinen Mitgliedschaft. Jetzt werde ich zum Standesamt gehen, fünf Mark achtzig bezahlen und meine Mitgliedschaft aufgeben. Ich habe gehofft, Sie würden mir etwas sagen, was ich mir nicht selbst schon gesagt hätte. Ich habe auf ein Argument, ein Glaubensargument gewartet, das mir ans Herz ginge. Nichts davon! Nur Drohungen mit der Verdammnis.«

Sie wandte sich an ihren Bruder: »Du bist sein Freund. Sage ihm, daß er mir Schmerzen bereitet. Sage ihm, daß ich am Ende mit meinen Kräften bin.«

Der Pfarrer sagte ruhig zu Wildt:

»Christus hat uns befohlen, um jede Seele zu kämpfen!«

Marianne begrub das Gesicht in ihren Händen:

»Ich bin müde. Ich bin so furchtbar müde. Und ich habe Heimweh.«

»Heimweh?« wiederholte ihr Bruder erschrocken.

»Ja. Heimweh, ganz einfach Heimweh nach der Geborgenheit, in der ich als Kind war.«

Wildt blickte seine Schwester sprachlos an. Dann sagte er mit mühsam erzwungener Ruhe:

»Die Kindheit ist vorbei, Marianne. So oder so. Mir schwant Schlimmes! Heimweh, wonach? Willst du von der Kirche die Beruhigung erhalten, die du als Kind so schön und wohlig fandest? Die Beruhigung, daß du im großen Treck in den Himmel kommen wirst? Mit der Versicherungspolice?«

»Genug!« rief Oberkamp empört.

»Noch lange nicht«, schrie Wildt ihn an, »komm mir bloß nicht mit der Entgegnung, ich stünde auch schon mit einem Fuß in der Hölle! Du wirst dich damit abfinden müssen, daß ich denselben Gott habe wie du, Oberkamp. Gewöhne dich daran. Und dich, Marianne, beschwöre ich, hau den Knoten durch, so schnell du kannst; schon morgen. Werde nicht wieder schwankend! Klammere dich an keine Kirche, sie weiß von der Ewigkeit nicht mehr als du und ich; sie steht Gott nicht näher als wir alle. Jesus war keine Macht! Sie aber ist

eine Macht geworden. Sie nimmt es seelenruhig hin, daß du dein Glück opferst, wenn du nur . . .«
Marianne konnte die Tränen nicht mehr verbergen: »Vielleicht«, stammelte sie, »zählt Gott das Leben hier auf Erden wirklich nicht, vielleicht . . .«
Ihr Bruder war außer sich:
»Das sage denen, die sich Jünger Christi nennen! Die sich seine Statthalter nennen! Wo waren sie, als der Krieg ausbrach, wo blieben die Bannflüche? Wo waren sie, als sich in Ungarn die Menschen für die Freiheit und gegen den Atheismus erhoben? Habt ihr es schon vergessen, obwohl es erst wenige Jahre her ist? Wo waren sie, als die sowjetischen Panzer anrollten? Wo war da der Herr Kardinal Mindszenty? Warum zeigte er dir nicht, daß das Leben hier auf der Erde nicht zählt? Warum ging er hinter den warmen Ofen der amerikanischen Botschaft . . .«
Oberkamp, heftig: »Man riet ihm . . .«
»Man riet ihm? Man hat auch Christus geraten, nicht nach Gethsemane zu gehen, und er ging dennoch! Warum ging der Herr Kardinal hinter den warmen Ofen und nicht im goldenen Ornat mit dem Krummstab und dem Kruzifix

in den Händen den Panzern entgegen und war mit einem Sprung als Märtyrer bei seinem Gott? Und an diese Rockschöße denkst du schon wieder? Von denen glaubst du, daß sie den allein seligmachenden Weg wissen?«

Er stampfte im Zimmer in ohnmächtiger Wut auf und ab:

»Ja, Autobahnkirchen und Nachtgottesdienste für Kellner, fahrende Altäre und Telefonseelsorge, das bieten sie dir als Zeichen, daß sie dicht neben dir stehen und modern sind. Ich aber halte ihnen immer und immer den Namen Mindszenty entgegen – *das* ist die Wahrheit. Alles andere sind Worte, Worte, Worte und ausgebreitete Arme!«

»Es ist unerträglich«, rief Oberkamp.

»Tatsächlich, es *ist* unerträglich! Marianne, willst du dieser irdischen Institution dein Leben opfern? Tu's, und du wirst um eine kindliche Illusion reicher und um ein nicht wiederkehrendes Glück ärmer sein. Gott wird sich kolossal freuen!«

Pfarrer von Oberkamp wandte sich zum Gehen:

»Ich glaube, Wildt, wir sind fertig. Ich versichere dir, daß mir das Ende unserer alten Freundschaft leid tut.«

»Um den Preis des Glücks meiner Schwester werde ich es ertragen. Ich bereue kein Wort.«

»Begleite mich nicht. Ich finde den Weg selbst.«

»Siehst du, Oberkamp: Das möchte ich auch von meiner Schwester sagen können.«

»Mein Gott«, stöhnte Marianne, »mein Gott!«

»Rufe nicht Gott an, der anderes zu tun hat. Rufe dein Herz an, Marianne!«

# PAVANE

Im Kloster St. Ephräm starb eines Karfreitags unerwartet eine junge Nonne. In ihrer Zelle fand man, als man die ärmlichen Habseligkeiten aufnahm, unter der Kopfrolle ihrer Schlafstätte ein Tagebuch mit eng beschriebenen Seiten. Die Oberin warf zunächst nur flüchtig einen Blick hinein, aber er genügte, um ihr das Blut in die Wangen steigen zu lassen. Sie ließ das Buch verschwinden, beauftragte die Definitorin mit allem weiteren und begab sich in ihr Zimmer.
Als hätte sie die Eintragungen schon ganz gelesen, ließ sie sich erschöpft und verstört auf dem Stuhl nieder. Dann begann sie mit der Lektüre, immer wieder unterbrochen von Anfällen von Schwindelgefühl, die am Ende so schlimm wurden, daß ihr dunkel vor den Augen wurde und ihre Schläfen hämmerten. Am Abend, vor dem Schlafengehen und nach einem inbrünstigen Gebet, las sie einzelne Stellen noch einmal. Sie schlief unruhig wie unter

einem Incubus und erwachte am nächsten Morgen zerschlagen.
Den ganzen Tag über kämpfte sie mit der Entscheidung, dem Bischof oder dem Beichtvater der Verstorbenen das Tagebuch vorzulegen. Aus Angst und Scham entschloß sie sich, den Beichtvater zu rufen.
Die Eintragungen begannen im Jahre vor dem Tode der armen Nonne.

»2. Juni.
Zum erstenmal in meinem Leben schreibe ich ein Tagebuch. Ich überlege: wozu? Es ist mir nicht ganz deutlich. Wahrscheinlich, um meine Gedanken in diesem Buch zu begraben. Ich frage mich aber auch, ob ich nicht darüber hinaus wünsche, die Notizen mögen nach meinem Tode (ich bin herzkrank und werde wohl nicht alt) gelesen werden. Aber ich will mir alles heute Nacht nochmals überlegen und erst morgen beginnen.«

»3. Juni.
Es ist Morgen, und ich beginne.
Ich bin jetzt 37 Jahre alt. Seit sechs Jahren lebe ich als Nonne im Kloster. Ich bin Nonne geworden, weil ich nicht an Gott glaube.«

»12. Juni.
An einem 12. Juni, wie heute, fand meine geistliche Hochzeit statt. Ich bin entschlossener denn je zu beichten, was ich kniend nie gebeichtet habe.
Ich komme aus einem streng katholischen Hause und war bis zu meinem 16. oder 17. Lebensjahr ebenso streng gläubig. Ich glaubte sogar an die leibliche Himmelfahrt Mariä. Den ersten Anstoß zur Besinnung gab mir Stirners Buch ›Der Einzige und sein Eigentum‹. Ich habe den Atheismus nicht gesucht, viel weniger gewünscht. Ich bin Schritt für Schritt überzeugt worden. Als ich die Universität bezog, glaubte ich an nichts mehr. Nicht einmal an mich, und das war das Schlimmste. Die anderen, die ich traf, glaubten wenigstens wie Stirner an sich selbst. In jener Zeit vergrub ich mich, um mich zu betäuben, in die Arbeit. Ich studierte Astrophysik und wurde schon mit vierundzwanzig Jahren Assistentin an einer Sternwarte. Die Erinnerung an jene Jahre übermannt mich, ich kann nicht weiterschreiben. Es waren meine schönsten Jahre.«

»15. Juni.
Die Exerzitien sind schuld, daß ich so unre-

gelmäßig an meinem Tagebuch arbeite; sie strengen mich körperlich an, ich bin schwächlich, und ich schwäche mich jede Nacht mehr.«

»16. Juni.
›Oh, mein Gott, allmächtiger Gott!‹ rief ein junger Kollege, als wir damals den großen Protuberanzen-Ausbruch der Sonne durch das Fernrohr beobachteten. Ich kann nicht sagen, daß ich ergriffen war, ich war erschrokken. Ich dachte keinen Augenblick an einen Weltenlenker und blickte den jungen Mann wahrscheinlich entsprechend verständnislos an. Er stotterte geradezu, als er sagte: Ich habe noch nie etwas gesehen, noch nie etwas erlebt, das mich so erschüttert und verstört hätte. Geht es Ihnen nicht auch so? Nein, antwortete ich. Darauf drängte er nochmals in mich: Als Mensch, als Mensch! Ich meine nicht Kriegserlebnisse oder Unglücke, ich meine die Erschütterung als Mensch! War es in diesem Sinne nicht auch Ihr erschreckendstes Erlebnis?
Ich sagte ihm trocken: Mein erschreckendstes Erlebnis war eine Gans, die ihr Leben in einem engen, dunklen Verschlag zubrachte, die mit

Knödeln, die man ihr gewaltsam in den Schlund drückte, zu Tode gemästet wurde, damit sie, dick und fett, zu Weihnachten von den Menschen gefressen werden konnte. Ich war damals fünfzehn Jahre alt. (›Ja, ja, aber ist das nicht etwas Natürliches?‹) Nein, es ist etwas absolut Unnatürliches. Es hat mit der Natur nichts mehr zu tun; es ist nicht nötig, es ist nicht gegeben, es ist gemein. Der Mensch, fuhr ich mit ausgesprochener Freude fort, ist ein entsetzliches Raubtier, völlig entartet. Er hat überhaupt kein Recht, sich einem Gott, wenn es ihn gäbe, nahe zu fühlen. In Brehm's Tierleben müßte er *so* beschrieben werden: Mit einem hypertrophen Gehirn ausgestattet hat er sich aus der Einbettung in die Natur herausbegeben, führt eine Existenz gegen die Natur und ist der Feind aller und alles geworden. In diese Stellung wird er immer tiefer und schneller getrieben, da seine Sinne seit langem verkümmern. Er sieht schlecht, oft nur mit Hilfe von Prothesen, und nachts ist er total blind. Er hört sehr mittelmäßig, ebenfalls oft nur mit Unterstützung von künstlichen Apparaten, und im Alter ausgesprochen schlecht. Es gibt Tausende von Arten, die ihm in diesen beiden Sinnen überlegen sind. Der Geruchssinn des Menschen ist miserabel, vor allem gänzlich lebensuntüchtig ausgerichtet, ebenso der Geschmack. Sein Gefühlssinn ist grob und nur ein Tausendstel so gut wie bei zahllosen anderen Lebewesen. Mehr als fünf Sinne hat die Gattung Mensch nicht im Gegensatz zu vielen anderen Arten; was der Mensch natürlich bestreitet, wie er alles bestreitet, was er nicht begreift. Er ist das größte Raubtier der Erde, er tötet auch ohne Zwang, oft sogar ohne jeden Trieb. Er ist der größte Zerstörer der Erde.«

»8. Juli.
Ich habe das Vorige wie ein Bekenntnis niedergeschrieben, es war jedoch ein Gespräch, das ich damals geführt habe. Der Kollege – ich weiß nicht mehr, was er mir antwortete – muß es dem Chef und auch noch anderen berichtet haben, denn die Haltung gegen mich wurde seitdem frostig. Ich hörte, daß man mich Atheist und Anarchist nannte; das eine war ich, das andere nicht. Ich bin sogar betont ordnungsliebend. Ich bin auch loyal, ich kann gehorchen, und befehlen macht mir keine Freude. Ich sagte es auch einmal dem Chef, als er mich halb und halb scherzend ›unsere kleine

Revolutionärin‹ nannte. Übrigens bin ich einen Kopf größer als er, nämlich einszweiundsiebzig. Habe ich etwa keinen Humor? Auf diesen Gedanken bin ich noch gar nicht gekommen. Wundern würde es mich nicht bei dem bigotten Zuhause, aus dem ich stamme.«

»11. Juli.
Die Frage, ob der historische Jesus-Josephsohn Humor hatte oder nicht, ist nur gefühlsmäßig zu entscheiden. Ich neige dazu, ja zu sagen. Daß sich im Neuen Testament nicht ein Hauch davon findet, ist kein Gegenbeweis; er hat die Evangelien nicht geschrieben. Es waren seine Apostel und Jünger, und es ist nichts Neues, daß menschliche Seiten wie Humor und Ironie im Bild ihres Idols die Jünger stören. Die Diadochen des Jesus sind entschuldbar, sie standen als seine Begleitung unter dem unmittelbaren persönlichen Eindruck des Meisters. Aber Paulus-Saulus zum Beispiel nicht. Er ist für mich wirklich schwer ertragbar in seinem Eifer und seiner Freudlosigkeit. Nun ja – das ist ja uninteressant.«

»12. Juli.
Als ich längst Atheistin war, las ich dennoch

von Zeit zu Zeit im Neuen Testament, jedoch nur die Äußerungen des Jesus. Mich beeindruckte stets die Sprachgewalt und der Bilderreichtum. Mir ist bekannt, daß es damals, ich meine zu Jesu Zeit, mehrere Männer mit gleichen oder sehr ähnlichen Lehren gegeben hat; daß sie mit demselben Anspruch aufgetreten sind, daß sie sich ›gesalbt‹ nannten, daß Apollonios von Kappadozien weit berühmter war als Jesus von Nazareth, und daß Kaiser Alexander Severus noch zu Apollonios betete, ehe er zu Jesus überwechselte. Ich weiß aus der Geschichte, daß es Saulus-Paulus war, der den Nazarener durchsetzte. Was soll ich davon halten? Wie soll ich damit anders fertig werden, als ich fertig geworden bin? Doch nur so! Ich habe von den anderen Christussen nichts gelesen; ich vermute, es gibt auch nichts Authentisches. Von Jesus gibt es wenigstens quasi-Authentisches. Und es ist eine wertvolle, schöne Lektüre. Nur beweisen tut sie nichts. Seine Lehre ist – das sieht jedes Kind ein – völlig weltfremd. Natürlich. Denn er wollte ja ein Ideal geben. Ideale sollten immer einen Fingerbreit über dem Erreichbaren stehen; das ist ihr Sinn. Seines steht jedoch tausend Kilometer über dem, was Menschen erreichen können; und die Erfahrung der Geschichte lehrt, daß der Sturz dann entsprechend tief ist, sobald die Menschen erschöpft sind. Wenn ich mir die heutigen Christen ansehe, finde ich es bestätigt.

Jesus-Josephsohn war ein ganz schlechter Menschenkenner. Vor allem die jüdische Mentalität scheint ihm nicht geläufig gewesen zu sein. Seine Mutter, Maria-Mirjam, stammte aus Galiläa, Johannes und Jesaias nennen es das ›Galiläa der Heiden‹. Dieser Landstrich wurde erst sehr spät von den Juden erobert. Maria war dem Blut nach wohl keine Jüdin. Joseph wird als ›aus dem Stamme Davids‹ bezeichnet (aus dem der verheißene Messias kommen sollte); das muß nicht stimmen. Und wenn es stimmt, ist es bedeutungslos, denn Joseph hat Jesus nicht gezeugt. In der Nähe von Nazareth lag römische Besatzung. Ehrwürdige Mater Oberin, wachen Sie auf aus Ihrer Ohnmacht!«

»13. Juli.

Mit diesen Dingen, über die ich schrieb, quälte ich mich damals nicht etwa. Ich versuchte lediglich, sie zu durchforschen.«

»26. Juli.
Mohammed ist gegen den Nazarener eine recht durchschnittliche Erscheinung. Seine Lehre interessierte mich nie, seine Verhaltensweisen sind teils banal, teils krankhaft. Ich merke, daß ich mich damals reichlich viel mit solchen Stoffen beschäftigte. Man könnte meinen, die Sache mit dem Glauben an Gott hätte mich doch nicht losgelassen.«

»27. Juli.
Es ist wahr; sie hat mich nie losgelassen. Das ist kein Widerspruch zu meinem Unglauben. Wäre ich Mathematiker, so würde ich mich zeitlebens mit dem Problem der Kreisquadratur beschäftigen, obwohl ich wüßte, daß ich es nie schaffen kann. Das spricht mich als Atheistin doch wohl von dem Vorwurf der Leichtfertigkeit oder Überheblichkeit frei? Meine jahrelange Arbeit an der Sternwarte konfrontierte mich täglich mit der rätselhaften Existenz des Universums, mit der Frage nach dem Wieso und Woher. Gespräche darüber habe ich nicht geführt. Man hätte mir doch nur mit ›Gott‹ geantwortet, ohne zu begreifen, daß das meine Frage nicht beantwortet, sondern nur verschiebt.«

»31. Juli.
Fachgespräche wurden dauernd geführt, weltanschauliche selten. Natürlich waren wir alle über die modernsten Erkenntnisse und Deutungen informiert. So grobe Einteilungen wie ›Leben/Nichtleben‹ oder ›Materie/Nichtmaterie‹ hätte niemand unter uns zur Grundlage seiner Anschauungen gemacht. ›Kraftfeld‹ war die tiefste Bohrung dieser Geister. Das entsprach der allgemeinen Überzeugung der Fachleute von der äußersten Reduzierbarkeit der Phänomene im Weltall.

Damals – ich war Ende Zwanzig – beschäftigte ich mich besonders intensiv mit diesen Fragen. Ich las natürlich Einstein. Er enttäuschte mich stark. Mathematisch konnte ich ihm sehr schwer folgen, denn das ist nicht mein Gebiet; in der Mechanik und Physik brachte er entscheidend Neues, in der Grundlagenforschung nichts. Seine Anwendung des Faktors »Zeit« – so verblüffend sie seinerzeit gewesen sein muß – fand ich als gänzlich in alten Vorstellungen verhaftet.

Eines Tages traf mich eine Idee wie ein Blitzstrahl. Sie kam mir beim Anblick einer umgetretenen Ecke eines Teppichs.

Ich ersuchte den Chef um eine ungestörte längere Unterredung, die er mir für den nächsten Montag (typisch! es war Mittwoch) gewährte. Ich bat ihn, Geduld mit mir aufzubringen, denn ich müsse bei der Darlegung meiner Idee weit ausholen. Er seufzte und nickte.

Was ich dann darlegte, war folgendes:

Die Wissenschaft sei in der Reduzierung bis zum Kraftfeld gelangt, das heißt, längst glaubt man nicht mehr an Materie als Ursprüngliches, sondern an unsichtbaren, aber meßbaren Elektromagnetismus und dessen Felder als Wiege der Weiterentwicklung. Die Dreidimensionalität sei das, was sich uns darstelle; die Zweidimensionalität sei jedoch erahnbar. Ich fragte ihn, ob er eine Eindimensionalität für existent (wenn auch unvorstellbar) halte. Er antwortete: Genau so gut, mein liebes Kind, können Sie mich fragen, ob ich eine Hundertdimensionalität für existent annähme. Eine sehr geschickte, saudumme Gegenfrage; sie verwirrte mich tatsächlich einen Augenblick.

Ich riß mich zusammen und fuhr fort: Beginnen wir noch einmal von vorn. Atome verbinden sich zu Molekülen. Eine entsprechende Menge von Molekülen stellen sich uns als ein Stoff dar; zum Beispiel als ein Teppich. Die

Moleküle haben zueinander in ihrem mikroskopischen Raum eine bestimmte Stellung, mal näher, mal lockerer, jedenfalls eine Stellung, die man gewaltsam verschieben kann. Man kann sie auch gänzlich trennen, indem man den Stoff, den sie bilden, zerreißt oder zerbricht. Wenn man die Ecke eines Teppichs umtritt, so geht die Teppichecke alsbald wieder in ihre ursprüngliche Stellung zurück, sobald die Einwirkung von außen aufhört. Wiederholen wir aber das Umtreten tausendmal, so bleibt die Ecke »umgetreten«.
›Wie war das?‹ ächzte mein Professor, ›Teppich? Umgetreten? Mein liebes Fräulein Doktor! Das ist ja wohl ein Scherz! Ein Gewebe, mein liebes Kind, ist durch Verarbeitung in eine bestimmte Spannung gebracht, die jetzt gewaltsam verändert wird. Eine Teppichecke! Ich bitte Sie!‹
Gut, gut, sagte ich. Ich nehme also lieber die Ecke eines Blatts Papier, das ich zart und ohne Knickung nach oben biege. Wenn ich das – ebenso zart, tausendmal wiederhole, habe ich den Zeiteffekt! Begreifen Sie denn nicht, Herr Professor, daß das Interessante nicht ›Gewalt‹ oder ›Nichtgewalt‹ ist, sondern ein ganz anderer Faktor! Der Faktor, der das bewirkt hat,

war die Zeit. Warten wir noch hundert Jahre, so kann die umgetretene Ecke sogar eher brechen, als in die frühere, richtige Stellung zurückzubiegen sein. Das ist die Macht der Zeit. Diesen Satz – die Macht der Zeit – dürfte es jedoch gar nicht geben. Die Zeit ist von unserer Wissenschaft als ›Komponente‹ erkannt. Einstein hat ihr neue Bedeutungen zugewiesen, sie aber immer als ›zu berücksichtigende Komponente‹ angesehen. Gerade dies, genau dies, Herr Professor, bestreite ich. Das, was wir Zeit nennen und was auch Einstein als ›Ablauf‹ deutet, gibt es gar nicht! Die Zeit ist etwas ganz anderes. Wenn wir den Ablauf der Welt wahrnehmen, das Fortschreiten, das Vergehen, also sozusagen das Ticken der Uhr überall hören, so nennen wir es ›Zeit‹ und meinen weiter nichts als ein unaufhaltsames und unabänderliches Entrinnen des Augenblicks. Diese Erklärung der Zeit ist aber äußerst banal. In Wahrheit verkennen wir den Charakter des Phänomens ›Entrinnen‹ und ›Fortschreiten‹. Eine ›Zeit‹ im bisher angenommenen menschlichen Sinne gibt es gar nicht. Das soll heißen: Es ist nicht richtig, daß das Nacheinander aller Dinge ›die Zeit‹ ist; wir nennen es lediglich so.

In Wahrheit ist ›die Zeit‹ eine selbständige Energie. Das ist es, was ich entdeckt zu haben glaube, Herr Professor. Die Zeit ist die Ur-Energie, die Ur-Macht schlechthin, nämlich der Ausgangsfaktor für alles andere in der Welt: die nullte Dimension. Ich sehe sie als die letzte, äußerste, nicht mehr reduzierbare, von nichts mehr abhängige, alles beherrschende, alles gebärende Kraft des Universums mit der nullten Dimension an.

Verstand mich der Chef?

Mein liebes Kind, murmelte er in den Bart (dieses gottverdammte ›liebe Kind‹!), glauben Sie tatsächlich, daß ein Materiefremder eine Erkenntnis, wenn sie so fundamental wäre, simpel in einem Satz aussprechen und mit banalen Beispielen belegen kann?

Ja, antwortete ich, genau so einfach sprach der Arzt Julius Robert Mayer das Prinzip von der absoluten Erhaltung der Energie aus.

Mag sein, lächelte der Professor, aber er ging nicht von einer Teppichecke aus!

Er ging, fiel ich ihm ins Wort, von der ebenso banalen Beobachtung aus, daß das Venenblut in den Tropen ein helleres Rot aufweist als im Norden.

Wie? Was?, schrie mein Chef; was hat denn

das Venenblut mit der Energieerhaltung zu tun? Sie müssen sich irren, mein liebes Kind! Er eilte in die Bibliothek und vergrub sich in ein Buch. Ich wartete geduldig. Als er zurückkam, nickte er trübsinnig vor sich hin. Dann legte er die Hand auf meine Schulter und meinte freundlich: Mayer mit dem Energiegesetz, Goethe mit dem Zwischenkieferknochen und nun Sie mit der Zeit-Theorie! Sie sollten noch ein bißchen nachdenken, ehe Sie sich in diese Gesellschaft wagen.

Damit verabschiedete er mich.

Ich habe noch viele Jahre nachgedacht. Hier, in diesem Tagebuch lege ich es für spätere Zeiten nieder und wiederhole es den verdammten Idioten: Die Zeit ist keine Komponente, die Zeit ist die Ur-Kraft, die einzige! Begreift ihr nicht? Sie ist die Ewigkeit. Daher auch unsere Verwechslung mit dem Ticken der Uhr. Noch Einstein hat geglaubt, ein Mensch, der mit der sogenannten absoluten Lichtgeschwindigkeit sich fortbewege, altere nicht, weil die Zeit, die Vergänglichkeit aufgehoben sei. Was für eine Albernheit! Geschwindigkeit hat gar nichts mit der Ur-Energie Zeit zu tun. Gelänge uns das Unmögliche, nämlich ›die Zeit‹ auszulöschen, so blieben wir nicht im augenblickli-

chen Zustand erhalten, sondern wären im Gegenteil verschwunden. Begreift doch endlich! Und was ist sie?
Ich habe keinen Schimmer. Es ist zum Verrücktwerden.«

»4. August.
Ich war siebenundzwanzig Jahre alt, als mir der Mann begegnete, der mein ganzes Leben veränderte.
Er war der dritte; jedoch erübrigt es sich, über die vorangegangenen zu sprechen. Ich bin von Natur sehr sinnlich und begehrlich, wurde aber spät reif.
Der Mann, der mich um und um krempelte, war einige Jahre älter als ich. Wir wollen ihn Johannes nennen. Nein, das wollen wir *nicht*. Ich will ihn so nennen, wie er hieß, es ist ehrlicher: Werner. Ehrwürdige Mater Oberin, Sie müssen sich ihn sehr groß und athletisch vorstellen. Er sah gut aus, sehr gut, aber das war gewiß nicht der Grund, warum ich ihm verfiel. Der Grund war vielmehr, daß er ein Engel war. Doch, doch, widersprechen Sie mir nicht, er hatte das Herz eines Engels. Ich habe oft in Gedanken vor ihm niedergekniet. Sie werden es noch begreifen.

Es war Sommer. Wir saßen, ohne uns zu kennen oder auch nur ein Wort gewechselt zu haben, in der Mittagszeit auf einer Bank im Park und blickten auf den Teich hinaus. Ich aß eine Buttersemmel, er schleckte ein Eis, was sehr lustig aussah; er hatte eine hübsche, rosarote Zunge. Ich fand es nicht nur lustig, ich gebe zu, es erregte mich. Während wir so vor uns hin dösten, flog ein Schwalbenpärchen über den Teich und strich über das Wasser, ab und zu blitzschnell eintauchend und ein Bad nehmend. Plötzlich geschah es, daß das eine Schwälbchen sich nicht mehr vom Wasserspiegel erheben konnte; es blieb liegen und begann, verzweifelt mit den Flügeln zu schlagen. Die andere Schwalbe zog kreischend enge Kreise um die Ertrinkende. Es war ein scheußlicher Anblick.

Da stand der Mann an meiner Seite auf, zog das Hemd aus, dann seelenruhig die Hose, streifte die Sandalen ab und sprang ins Wasser. Er erreichte das Schwälbchen und brachte es an Land. Er schloß beide Hände über dem zitternden Körper und hauchte es lange Zeit an. Als er schließlich die Hände öffnete, flog das Tier davon. So begann meine Liebe.«

»5. August.
Ich muß etwas nachtragen, was mir noch einfällt: Als das Schwälbchen davonflog, lachte er. Ich richtete zum erstenmal das Wort an ihn und sagte den klassischen geistlosen Satz: Sie sind ein guter Mensch. Merkwürdigerweise schämte ich mich dieser Platitüde kein bißchen, obwohl ich sonst allergisch dagegen bin. Perplex aber war ich über seine Entgegnung; er sagte fröhlich: Ja, ich habe Glück gehabt! Viel später erst kam mir der Gedanke, er könnte damals gemeint haben, er hätte Glück gehabt, das Schwälbchen zu finden. Aber dann sagte er dasselbe noch einmal bei anderer Gelegenheit, die keinen Zweifel ließ: Er meinte das Schicksal, das Gott ihm zudiktiert hatte.«

»6. August.
Werner war unabhängig und ungebunden, ich auch, und so bezogen wir gemeinsam ein kleines Appartement. Ich habe bereits bekannt, daß ich sehr sinnlich bin; er war wie ich, und wir liebten uns Tag und Nacht. Da es nicht zu übersehen war, daß er sehr religiös war, wunderte ich mich natürlich, wie er unsere beständige ›Sünde‹ mit seinem Glauben vereinbaren

konnte. Werner war nicht das, was man ›kirchlich‹ nennt, obwohl er in Abständen zur Beichte und zur Kommunion ging (fast nie in die Messe); er war jedoch tief gottgläubig. Bald merkte ich, daß diese Bezeichnung nicht genügte: Er war inbrünstig gläubig. Im Alltag war er ernst oder gelassen-heiter; wirklich fröhlich und selig wurde er, sobald er von Gott sprach. Er sprach oft von Gott, aber nie wie ein Proselytenmacher, sondern wie ein vergnügter Mann, der sich ein Haus baut und davon schwärmt, oder wie einer, der sich auf die Ferien freut und sich die Urlaubsreise ausmalt.

Ich hörte ihm schweigend zu.

Es konnte nicht ausbleiben, daß ihm mein Schweigen auffiel, und eines Tages stellte er mir die Gretchen-Frage: Du bist mir das Liebste auf der Welt, doch sag, wie hast du's mit der Religion? Du bist von Herzen gut und lieb, allein ich glaub, du hältst nicht viel davon.

Er sagte es tatsächlich mit Goethes Worten, und ich versuchte, mich der Gewissenserforschung zu entziehen, indem ich wie Faust antwortete: Laß das, Liebster! Du weißt, ich liebe dich. Für meine Liebe würd ich Leib und

Blut hergeben. Ich will niemandem seinen Glauben und seine Kirche rauben!

Er wurde nicht etwa ärgerlich oder mißgestimmt, sondern lachte. Und dabei blieb es an diesem Tage. Es verwirrte mich. Am Abend liebten wir uns derart, daß ich zum erstenmal ohnmächtig wurde.

Anderntags ging ich zum Arzt und bekam die Gewißheit, herzkrank zu sein. Nun gut, dann bin ich eben herzkrank.«

»30. August.

Damals habe ich nichts sehnlicher gewünscht, als Werner zu heiraten. Ich konnte mir nicht mehr vorstellen, daß ein anderer Mann mich berührte. Nach einem halben Jahr kamen mir Zweifel, ob seine glühende Gläubigkeit nicht vielleicht eine Ehe trüben oder gar zerstören würde. Nicht, daß mir sein fröhliches Schwärmen lästig gewesen wäre. Eher fürchtete ich, mein Schweigen könnte eine Mauer zwischen uns aufrichten. Deshalb blieb ich schließlich nicht mehr stumm, sondern konterte mit den Argumenten der Wissenschaft. Werner war von Beruf Wahrscheinlichkeits-Mathematiker bei einer Versicherung. Er war klug. Er war derartig klug, daß er niemals sein Wissen ins Feld führte; er begnügte sich mit Gegenfragen, die auch ein Bauer hätte stellen können.

Als ich ihm die Gründe für meinen Atheismus erklärte, hörte er geduldig zu. Ich sprach natürlich auch von meinem Bild des Universums und folglich meiner Zeit-Theorie. Alles, was er darauf antwortete, war: Ja, und weiter?

Weiter leider nichts.

Liebling, diese von dir gemachte Entdeckung ist vielleicht wirklich eminent. Sie könnte eine Arbeitsbasis für die Zukunft sein. Eine Basis für Wissenschaftler. Aber der Glaube kommt *nach* der Wissenschaft. Der Glaube, verstehst du, fragt dich: Und weiter? Es sind die kindlichen Fragen, die euch in Verlegenheit bringen. Was ist nun die Zeit? Was soll das heißen, die Zeit aufheben würde das absolute Nichts bedeuten? Was ist das, das Nichts?

Ich stöhnte, ich wüßte es nicht. Die Zeit als Ur-Energie aufheben sei ja eine contradictio in se.

Ja, das glaube ich auch, lächelte er freundlich. Die Kraft Zeit ist nämlich die Ewigkeit, und die Ewigkeit ist Gott.

So drehten sich unsere Gespräche immer im

Kreise. Ich gestand ihm: Ich kann nicht, ich kann nicht, ich kann nicht.«

»1. September.
Ich bewunderte gegen meinen Willen seine Überzeugung und seinen felsenfesten Glauben. Und als er mir eines Tages auf den Kopf zusagte, ich würde in Wahrheit genauso nach Gott suchen, wie er es getan habe, konnte ich ihm nur lau widersprechen. Ich suchte, ja, das stimmte, aber ich hielt nicht Ausschau nach einem personifizierten Gott. Übrigens erschrak ich über dieses Eingeständnis, daß ich überhaupt suchte. Ein Jahr zuvor hätte ich geantwortet, ich sei ruhig und zufrieden und wüßte nicht, wonach ich denn suchen sollte.«

»5. September.
Natürlich ist es einfach, Weltanfang und Weltsinn mit einem allmächtigen Gott zu erklären. Aber, du lieber Himmel, was für ein völlig unverständlicher und erbarmungsloser Gott! Was für eine sinnlose Schöpfung!
Ist die Schöpfung, fragte Werner, ohne Gott sinnvoller? Nein, antwortete ich; aber ich bin auch nicht genötigt, diese sinnlose Schöpfung einem Gott anzulasten, den ihr zu allem Überfluß auch noch gütig und gnädig nennt!

Was erwiderte Werner? Verdammt, ich weiß es nicht mehr, aber es war nichts Unsinniges.«

»11. September.
Denke nicht dauernd darüber nach, bat er mich einmal. Versuche nur ein einziges Mal, zu dem Gefühl – verstehst du, *Gefühl* zu kommen, es gäbe einen Gott, es gäbe einen Allmächtigen, der dich sieht. Du wirst fröhlicher werden. Es wird dir leichter werden. Ich sage nicht: glaube! Ich sage nur, versuche, das Gefühl zu erlangen.«

»12. September.
Ich versuchte es erst gar nicht. Ich wußte nicht einmal, was das ist ›ein Gefühl erlangen‹. Ich wollte mich nicht spreizen, wirklich nicht.«

»16. September.
Eines Tages – wir lebten schon fast drei Jahre zusammen – sagte er in einem der üblichen Gottesgespräche (ach ja, sie waren schon üblich, und ich war dennoch nicht gelangweilt, weil Werner eine wunderbare Harmonie und Güte ausstrahlte): Wenn ich dadurch, daß ich auf meine Seligkeit verzichte, dir von Gott das

ewige Leben erkaufen könnte, würde ich es tun.
Ich war, obwohl ich nun schon einiges gewohnt war, betroffen: Ist das dein Ernst?
Es ist mein Ernst, sagte Werner. Und es fiele mir nicht schwer. Ich liebe dich mehr, als ich mich liebe. Viel mehr.
Aber Gott, wenn ich deinen Gott richtig verstanden habe, würde es nicht annehmen!
Du hast ihn richtig verstanden. Auch ich glaube, er würde es nicht annehmen.
Sondern?
Ich weiß es nicht. Vielleicht würde er uns beide verstoßen.
Dann denke bitte nie mehr so etwas, Werner!
Um Himmels willen, was hatte ich da gesagt!«

»30. September.
Im vierten Jahr unserer ›wilden Ehe‹, die auch im anderen Sinne wild war, sprach Werner zum erstenmal (und letztenmal) über die Frage, warum wir nicht heirateten. Es war eigentlich ein Monolog, wenn auch für mich bestimmt. Er erwartete keine Antwort, und ich fühlte auch kein Verlangen, den Monolog zu unterbrechen. Er sagte folgendes:
Ich bin glücklich, und du hoffentlich auch. Ich

bin so glücklich, daß ich wünschen müßte, diesen Zustand um jeden Preis zu erhalten. Ich sage ›Preis‹, das ist schlecht ausgedrückt, denn ich meinte die Ehe, und die Ehe ist kein Preis; sie wäre eine Belohnung für mich.

Wenn wir jetzt heirateten, mein Liebling, würde sich nichts ändern, außer einer einzigen Tatsache: Wir würden beide darauf vertrauen, daß wir unser Leben lang zusammenblieben wie heute. Könntest du es? Ja, du könntest es. Könnte ich es? Ich möchte es, aber ich weiß, daß ich es *nicht* könnte. Ich werde dich immer und immer lieben, ich werde mich immer und immer nach dir verzehren und niemals eine andere Frau haben. Und dennoch weiß ich, daß ich eines Tages allem irdischen Verlangen Adieu sagen werde. Mißversteh mich nicht: nicht etwa aus Reue oder Buße oder wie es die kleinen Geister vielleicht nennen könnten, sondern aus einem ganz anderen Grund. Ich habe nichts zu bereuen und daher auch nichts zu büßen. Kennst du das Gedicht (er zitierte es auswendig, so sehr muß er es geliebt haben):

Wenn die Wälder zu wandern beginnen
und die Berge rollen

und die Wolken auf die Erde sinken,
wenn es Nacht in der Welt wird
und die Erde aus ihrem Bauch zu leuchten anfängt
und die Sphärentöne schwellen und schwellen
und die Menschen von innen zu bersten drohen
und widerrufen,
dann will ich noch singen
von Kormoranen über den Teichen,
vom Mond im Fensterkreuz,
von dem Surren des Wildentenzuges,
von den langen Nächten der Liebe.
Dann wird Gott die Hand heben
und lauschen
und an meinem Munde hängen
und vergessen, was er wollte.
Das werdet ihr daran erkennen,
daß die Wolken wieder zu ziehen beginnen.

Ich habe mit dir in der höchsten Freude, der höchsten Dankbarkeit gegen Gott, der höchsten Andacht vor dem Wunder und dem Genuß der Liebe ›gesündigt‹ – wie die Leute sagen würden. Auch meinen Beruf habe ich sehr gern; ich bin – es ist nicht mein Verdienst – von Natur fleißig, ich arbeite gern. Geld sagt

mir gar nichts, solange wir genug zum Leben haben.
Aber ich spüre ganz deutlich, daß der Tag kommen wird, wo ich alles lassen muß.
Du wirst mich fragen: Wofür?
Für das Nirwana. Ich möchte das Irdische, das Schändliche, das Scheußliche, alles Scheußliche dieser Welt hinter mir lassen. Nicht, indem ich meinem Leben ein Ende setze, im Gegenteil: indem ich so lebe, wie es sich eigentlich nur zu leben lohnt, nämlich abseits und in Kontemplation, in Besinnung und Andacht.
O, ich will mich gern nützlich machen, ich will kein Parasit werden, ich will alles tun, um mich zu erhalten und zu ernähren, aber nicht als Rad in diesem Weltgetriebe.
Mit einem Wort: Ich werde wohl eines Tages in ein Kloster eintreten. Dort soll mich Gott besuchen können wie die ersten Menschen, ohne befürchten zu müssen, von Autos totgefahren zu werden. Du siehst, ich scherze. Ich scherze nicht aus Unernst; ich scherze, weil mir bei dem Gedanken an eine Einsiedelei so fröhlich zumute ist.
Deshalb, mein Liebling, habe ich nie von Heirat gesprochen. Wie wirst du wohl mein Geständnis nennen? Nennst du es Lebensfurcht?

Das ist nicht wahr. Ich stehe sehr gut und breitbeinig im Getriebe. Aber ich bin so schrecklich verwundbar und empfange täglich tausend Streiche, so viel Schmerzen, wie ein Gegeißelter sie erleidet. Glaube mir, ich bin über und über wund. Ich muß eines Tages diese Wunden in der Stille heilen. Gott, an den ich dann nur noch denken möchte, soll seine Hand auf meine Wunden legen. Wo wird er das? Hier?

Nein, ich werde gehen müssen. Ich weiß nicht, wann der Augenblick gekommen sein wird.

Es ist mir arg, davon zu sprechen, mein Allerliebstes auf der Welt, aber du mußt es ja erfahren.

Nur eines wäre noch schöner, wäre unausdenkbar schön, aber eben unerfüllbar: Ich möchte wie die Bajadere in Goethes Gedicht nach einer Liebesnacht mich erheben, aufsteigen, in den Himmel fliegen und entschwinden.

Nur der Gedanke, dich zurückzulassen, bringt mich an den Rand der Verzweiflung. Heute noch. Dann, wenn der Augenblick gekommen sein wird, vielleicht nicht mehr. Grausam, das zu denken. Aber ich fühle es deutlich, ich fühle es immer deutlicher: Gott ist stärker, und ich bin schwach, so schwach vor ihm.«

»1. Oktober.
Nun habe ich sein Geständnis also hinter mich gebracht. Ich werde jenen Abend nie vergessen.«

»3. Oktober.
Was geschah dann? Ich kann mich nur undeutlich auf die darauffolgenden Tage besinnen. Ich war benommen und sehr traurig.«

»4. Oktober.
Es dauerte jedoch nicht, und wir nahmen unser leidenschaftliches Leben wieder auf.«

»18. November.
Niemals ist zwischen uns ein böses Wort gefallen, niemals ist eine Laune aufgekommen, nie eine Verstimmung. Ich hatte mich nach dem Monolog Werners wieder gefangen, aber ich hatte ihn nicht vergessen. Wie kann ein gebildeter, ein wissenschaftlich geschulter Mensch derartig glühend gottgläubig sein? Es gab Stunden, in denen ich ihn beneidete.«

»25. November.
Ich erinnere mich gut, daß mir mehrmals träumte, er hebe sich, während er noch mit mir sprach, plötzlich vom Boden und entschwebe vor meinen Augen. Ich weiß nicht mehr, ob mich der Traum bedrückte oder nicht. Jedenfalls wunderte ich mich nicht.«

»25. Dezember.
Heute ist wieder einmal Weihnachten. Die Andachten, die Mitternachtsmette und die besonderen Exerzitien haben mich angestrengt. Ich durfte mich nachmittags hinlegen, denn man sah mir meinen schlechten Zustand an. Im Andenken an das letzte Weihnachten mit Werner habe ich mehrmals gesündigt, und als ich aufstand, werde ich nicht besser ausgesehen haben.«

»28. Dezember.
Mit seinem 36. Geburtstag im darauffolgenden Frühjahr berief man Werner in den Vorstand der Gesellschaft. Wenn ich es nicht schon gewußt hätte, würde ich daraus ersehen haben, daß er sehr angesehen war. Werner lehnte die Berufung ab, und ich war nicht einmal erstaunt.

Dennoch übertrug man ihm jetzt Aufgaben, die eigentlich Sache des Vorstands waren. Er mußte ab und zu reisen.«

»29. Dezember.
Als in Edinburgh eine internationale Konferenz stattfinden sollte, wurde er hingeschickt. Die Gesellschaft charterte für ihn ein Sportflugzeug.
Es war ein wunderschöner Maientag, als ich ihn zum Flugplatz begleitete. Ich durfte, da es ein Privatflug war, mit zum Flugzeug kommen, bevor es auf die Startbahn rollte.
Wir umarmten und küßten uns und sagten, was alle sich liebenden Menschen beim Abschied sagen. Und schließlich: Wann kommst du wieder?
Ich weiß es nicht, Liebling.
Er stieg ein; die Maschine drehte gegen den Wind.
Ich sah, wie er winkte, und ich winkte wie wild zurück.
Dann rasten die Propeller los, das Flugzeug startete, wurde schneller und schneller, es hob ab und stieg steil hoch; ich winkte immer noch. Der silberne Punkt wurde winzig und verschwand im Dunst des Himmels.«

»30. Dezember.
Mein Geliebter kehrte nie zurück. Sein Traum hatte sich erfüllt. Am nächsten Tage brachte man die Nachricht, das Flugzeug sei über dem Meer abgestürzt und verschollen.«

»4. Januar.
Ich war allein.
Ungläubig vor diesem Schicksal und wie betäubt.«

»5. Januar.
Man stirbt oder man bleibt am Leben. Dazwischen gibt es aber noch ein Drittes. Ich habe es erfahren; aber ich weiß nicht, wie es heißt.«

»6. Januar.
Ich wartete.
Ich versuche, mich zu erinnern. Worauf wartete ich? Worauf warte ich heute noch?
Auf nichts. Ich warte, ich kann es nicht ändern.«

»8. Januar.
Ein halbes Jahr danach entschloß ich mich, den Staatsdienst zu quittieren. Ich hatte bereits Anspruch auf eine, allerdings sehr ge-

ringe Pension. Der Amtsarzt attestierte mich. Dennoch hätte meine so frühe Pensionierung Schwierigkeiten gemacht, wenn ich nicht meine Absicht, in ein Kloster zu gehen, ins Feld geführt hätte. Der Bischof griff ein.
Das Kloster scheint mich gern genommen zu haben. Meine kleine Aussteuer wird ihm auch lieb gewesen sein.
Nun sind es sechs Jahre, daß ich meine geistige Hochzeit feierte.«

»9. Januar.
Mein Leben, dieses seltsame Warten, in St. Ephräm begann.«

»11. Januar.
Der Prozeß war leicht, niemand hatte den Verdacht, ich könnte unwürdig sein. Ich hatte das Gefühl, man mochte mich sehr gern. Ich war schweigsam und bescheiden.
Man hatte eine Atheistin in die Gemeinschaft aufgenommen. Aber verdammen Sie mich, ehrwürdige Mater Oberin, *wenn* Sie mich schon verdammen, nicht aus einem falschen Grunde: Ich kam in das Kloster nicht wie Homers Trojanisches Pferd, nicht als Feind, nicht als Verräter, sondern als Hilfesuchen-

der. Ich wollte den Weg gehen, den Werner gewählt hätte; ich wollte hier, an diesem weltentsagenden Ort leben und warten, ob sich in meiner Seele etwas ändern würde.

Ich sage Seele, weil ich mich schäme, zu sagen: Verstand. Er ist etwas so Dürftiges, aber eben das Einzige, dem ich zu vertrauen gelernt habe. Ich kann nicht an Gott glauben, ich kann nicht, ich kann nicht.«

»14. Januar.

Mein Leben im Kloster wurde eine beständige Lüge. Ich wartete. Doch ich merkte keine Macht, die mich änderte. Ich mußte weiter lügen.«

»15. Januar.

Ich bat, mich im Klostergarten arbeiten zu lassen. Man gewährte es mir, und ich fühlte mich wohler.«

»18. Januar.

Ich war arbeitsam. Aber das war nicht der Grund, warum die Oberin so angetan von mir war. Vielmehr etwas Erstaunliches: Ich schien gesegnete Hände zu haben. (Ich sage ›gesegnet‹, um im Jargon zu bleiben.) Ich hatte viel

Kenntnisse, viel Vorstellungskraft, viel Einfühlungsvermögen und viel Geschicklichkeit. Der Garten – ein Nutzgarten natürlich – gedieh phantastisch. Einjahrsblumen kamen fünf Jahre lang wieder, Clair Martin, Cocktail und Queen Elisabeth blühten acht Monate und konnten den Altar schmücken. (Schneiden mußte sie eine andere Nonne, ich brachte es nicht fertig. Ich brachte es kaum fertig, Unkraut herauszureißen. ›Vor Gott und seiner Natur gibt es kein Unkraut, so wie es kein Untier gibt‹ (Werner), ›die Menschen messen es blind nach ihrem Nutzen.‹

Den Küchengarten verwandelte ich vollständig. Der Spargel (sowieso in dem zu schweren Boden spärlich) mußte dem Weißkohl weichen. Ich weiß, daß schon die Griechen vor zweitausend Jahren den Kohl als Allheilmittel benutzten. Ich setzte durch, daß er nur noch selten zu Suppe verkocht, sondern roh als Salat gegessen wurde. Auf eine häßliche Wunde, die sich eine Schwester in der Küche zugezogen hatte, band ich ein Kohlblatt: die Wunde heilte. Ich setzte durch, daß die Oberin den alten gichtigen und sehr leidenden Nonnen Kohlumschläge verordnete, und die Schmerzen linderten sich.

Ich baute Mengen von Zwiebeln und Knoblauch an, die Wunder wirkten. Holunder, Kamille, Lavendel, Salbei, Petersilie wurden ein fester Bestandteil unserer Apotheke, die von einer jungen Nonne geführt wurde, die mich (leider etwas zu heftig) bewunderte. Nein, nein, ich habe nichts zu beichten.

»19. Januar.
Ich beobachtete die Tiere, vor allem die Vögel. Sie haben einen ausgeprägten Instinkt für heilende und schädigende Pflanzen.«

»5. Februar.
Ich schreibe so viel über meine Arbeit im Garten, weil sie mich glücklich machte. Sie lenkte mich auch vom Grübeln ab. Ich bin, vor allem wenn noch lange Exerzitien hinzukommen, abends stets müde; wenn auch nicht zu müde, um nicht noch Werner zu empfangen.
Ich habe vor vielen Jahren einmal einen Film gesehen, einen amerikanischen, ich weiß nicht mehr, wie er hieß, an den ich mich oft erinnere. Da war ein Mensch in einen Kerker geworfen, angekettet oder gelähmt, ich entsinne mich nicht mehr. Mit den Jahren war er imstande geworden, sich zu jeder Stunde, wie er

wollte, zu erheben, durch die Mauern hindurchzugehen und den Menschen, den er liebte, zu besuchen. Ich gebe zu, daß es eigentlich eine etwas wirre und sentimentale Angelegenheit war. Aber wenn man dann ein ähnliches Schicksal hat, nämlich hinter Klostermauern zu leben, dann wird man von dieser dummen Geschichte mitten ins Herz getroffen.«

»25. Februar.
Erinnern Sie sich, ehrwürdige Mater Oberin, daß Sie mir einmal sagten: ›Sie sind ein Segen für unser Kloster, ein Vorbild, eine Hilfe. Gott hat Ihre Hände gesegnet!‹ Ich entsinne mich, geantwortet zu haben: Dies, ehrwürdige Mutter, muß ich als eine Sünde meiner Ohren das nächste Mal beichten, denn ich bin dieser Worte nicht würdig. Ich möchte sie nie mehr hören.«

»3. März.
Das Beichten brachte überhaupt Schwierigkeiten mit sich. Mir fiel partout nichts Gescheites ein. Manchmal enthob mich der Beichtvater des Erfindens, indem er selbst Fragen stellte. Er wußte Bescheid, was Nonnen gewöhnlich zu bekennen haben. Leichten

Herzens habe ich dann alle seine Fragen verneint. Er glaubte mir. Ich möchte wissen, warum.«

»2. April.
Bald kommt der Tag, an dem ich das sechste Klosterjahr vollende. Ich bin so klug wie zuvor. Nichts rührt sich in mir. Glücklich macht mich lediglich, daß ich lebe, wie Werner sich wünschte, leben zu können.«

»4. April
Bei dem Gedanken an den Tod bin ich ganz ruhig. Ich habe mich geprüft, ob ich mir etwas vormache. Aber ich mache mir nichts vor, dazu weiß ich zu gut, daß ich krank bin und daß es jeden Tag kommen kann.«

»10. April.
Ich lebe doch ›gottgefällig‹, nicht wahr? Kann er mich verwerfen, auch wenn ich nicht an ihn glaube?«

»14. April.
Das ist eine interessante Frage!
Was meinen Sie, ehrwürdige Mater Oberin?
Ich fühle, ich werde es bald wissen. Morgen ist

Karfreitag, der Tag, an dem Jesus starb. Es wäre seltsam, wenn an diesem Tage auch ich sterben würde. Mir scheint, es wäre ein Zeichen. Hören Sie, ehrwürdige Mater Oberin, was ich sage? Es wäre ein Zeichen!«

*

Hier brach das Tagebuch ab. Die arme Nonne starb am Nachmittag des nächsten Tages, am Karfreitag.

Ein Zeichen? Wofür? dachte der Pater verwirrt, klappte das Buch zu und wischte sich den Schweiß von der Stirn.

## PASTORALE

Ein Mann stand am Fenster seines Hauses und blickte durch ein Fernglas in den Garten. Der weiße, gestutzte Vollbart gab ihm jenes noble Aussehen, das der Trostpreis für das Alter ist. Trotz seiner achtzig Jahre hielt er das Fernglas freihändig ohne Zittern. Allerdings mit Hilfe des Bartes, in den er sich mit Daumen und Zeigefinger schlau eingehakt hatte; nicht aus Eitelkeit, denn niemand sah ihn, sondern um das Glas nicht zu verwackeln.

Was er beobachtete, war nichts Besonderes. Aber wenn man kurz vor dem endgültigen Abschied von dieser Welt steht, saugt man das Alltägliche gierig auf, denn es könnte das letzte Bild sein, das man mitnimmt. In Stunden, in denen er, wie jetzt, allein war, überkam ihn häufig das Gefühl, er stünde mit einem Fuß auf dem Trittbrett eines Zuges, der gleich abfahren würde, und blickte suchend zurück, wem er noch einmal zuwinken könnte. Wem? Den Wolken, den Blumen, den

Bäumen, den Tieren. Merkwürdig: In dieser Vorstellung waren Menschen nicht darunter. Die wenigen, die er hätte suchen wollen, waren längst gegangen.

Traurige Stunden? Nein, er war nicht traurig. Traurigsein bedeutet nachtrauern. Er trauerte nichts im Leben nach.

Er stellte das Fernglas schärfer ein und sah jetzt den Finken zum Greifen nahe. Der Vogel saß auf dem Rand der Wasserschale, die zwischen den Erdbeeren stand; er trank nicht, er saß still da, ohne Bewegung, bis auf das Blinzeln mit den Augenlidern. Sicher war er müde, denn er hatte schon einen langen Tag hinter sich; es war drei Uhr.

Plötzlich richtete sich der Fink auf und flog auf einen Fliederzweig; es hatte ausgesehen, als habe er einen Sprung ohne Flügelschlag gemacht. Aus der Höhe äugte er zur Tränke hinab, legte den Kopf schief und begann zu schimpfen.

Am Wasser war nichts zu entdecken. Dennoch krakeelte der Fink weiter. Seine Kopffedern sträubten sich, und sein Schwanz wippte auf und ab. Dabei blickte er sich hastig nach allen Seiten um, als suchte er etwas. Er sah nicht ängstlich aus, im Gegenteil; er erinnerte lebhaft an manche Frauen, die, wenn sie sich ärgern, unwiderstehlichen Naschtrieb spüren und nach der Pralinéschachtel suchen. Tatsächlich pickte er rechts und links mit wütenden Hieben herum.

Er war übrigens keine Dame, sondern ein Männchen, ein großer Kerl von fast einer Handspanne, schön gezeichnet mit fahlblauem Kopf und Nacken, kastanienbrauner Decke, rosaroter Brust und weißgebänderten Flügeln. Eitel war er wie ein Pfau; zwischen Picken und Schimpfen fand er noch Zeit, eine derangierte Brustfeder durch den Schnabel zu ziehen.

Jetzt entdeckte der alte Mann, was den Vogel so erregte: Ein Tagpfauenauge krabbelte auf den Rand der Tränke, die Flügel mit den furchterregenden großen Punkten ausgebreitet und wippend, als rührte sich ein Eulengesicht.

Aber bei dem Finken kam der alte Trick nicht an. Erst gab er einen tüchtigen Klecks von sich, und dann ließ er sich, als es ihm zu dumm wurde, wie ein Stein fallen.

Das Pfauenauge wollte die Flucht ergreifen, schlug aber mit einem Flügel ins Wasser und blieb darin kleben; es flatterte und strampelte

verzweifelt, kam nun auch noch mit dem anderen Flügel ins Wasser und lag jetzt still und in sein Ende ergeben da.
Der alte Mann legte das Glas weg und lief in den Garten.
Der Fink flog auf den Zweig zurück und blieb dort furchtlos sitzen.
Der alte Mann beugte sich zu dem Schmetterling nieder, und der Fink rutschte auf dem Zweig noch ein Stückchen näher, um besser sehen zu können.
Zwei Augenpaare sahen nun den alten Mann an, die blanken, neugierigen Knöpfchen des Finken und die ausdruckslosen dumpfen Facetten des Schmetterlings, die einen dem Herzen des Menschen so nahe, die anderen nur seinem Erbarmen.
Der Mann hob den Schmetterling aus dem Wasser und setzte ihn auf ein Blatt.
»Weißt du« – er drehte den Kopf zum Finken und sprach ihn an – »weißt du: diesen Tod hasse ich. Deswegen habe ich den Falter gerettet. Mir geht es wie den alten Griechen: Ich kann mitansehen, wie der Tod zuschlägt, aber ich kann ihn nicht ertragen, wenn er sich anschleicht. Ich hasse ihn, wenn er vor seinem Opfer hockt und es anglotzt; wenn er so tut,

als ginge er wieder fort; wenn er die Hand nach der Uhr ausstreckt, um den Zeiger anzuhalten, und sie wieder zurückzieht und auf unser Herzklopfen horcht und wieder die Hand ausstreckt. Als ich noch jünger war, schienen mir alle Tode wie Blitzschläge. Ich sah – damals in meiner Jugend – im Park von Warmbrunn die vom Blitz geschwärzten, gespaltenen Baumriesen stehen, ich sah die Vögel im Flug auf die Käfer stoßen; ich sah, wie die Köpfchen der Hundsveilchen und der wilden Nelke zwischen meinen Zehen abrissen, wenn ich barfuß über die Wiesen ging, und später sah ich Soldaten wie vom Blitz getroffen fallen – so einfach, so schnell die Tode. Das ist lange her. Heute weiß ich, wie gemein das Sterben sein kann. Wenn du willst, Fink, stoß zu! Hol ihn dir! ›Kein schönerer Tod auf dieser Welt, als wer vorm Feind erschlagen!‹ Habe ich recht? Du verstehst mich, nicht wahr? Ich habe, um es zu begreifen, ein Leben gebraucht.«

Der Vogel schenkte dem Falter keine Beachtung. Er wartete, bis der alte Mann wieder ins Haus ging und schrie ihm noch etwas hinterher, das wie eine Ungezogenheit klang.

Der Mann nahm seinen Beobachtungsposten

am Fenster wieder ein. Er erwartete den Finken nicht mehr zu sehen, jedoch er war noch da.

»Will der Kerl«, sagte er laut, »denn nicht endlich etwas tun, etwas erleben in der kurzen Zeit, die ihm vergönnt ist?«

Der Fink saß jetzt am Wasser und trank. Er tauchte in langen Abständen den Schnabel ein dutzendmal ein und ließ sich Zeit wie ein Schöppele-Trinker.

Der Schmetterling war auch noch da. Er umklammerte den Blattrand und wartete darauf, daß seine Flügel trockneten. Sie sahen in der sanften Sonne aus wie die rostbraunen geflickten Segeltücher italienischer Fischerbarken. Sie hatten die Farben Bracques, die an altes Holz und gefrorene Äcker erinnern. Unter diesen schönen Schwingen hing den Blattrand hinab der widerliche Körper, der Leib seiner Jugend, als er nichts als der Nager und Wühler gewesen war. Der jetzt Verklärte hatte die Made seiner Jugend nicht abwerfen können.

Der alte Mann setzte das Fernglas ab.

Er sprach wieder, wie es Einsame oft tun, laut vor sich hin.

»Der schöne Ikarus mit dem ekligen Körper wird wieder Eier legen und sie in die Bäume bohren; dann werden neue Raupen den Stamm zerfressen, neue Puppen wachsen und neue Schmetterlinge geboren werden. Schauerlich dieser Kreislauf und dieser Kampf auf Leben und Tod. Schauerlich, aber getreu der Natur. Nur wir, wir Menschen, leben gegen die Erde, vielleicht sogar gegen Gott.«

In diesem Augenblick stieß sich der Fink von der Wasserschale ab und schoß auf das Haus zu. Er flog in zwei kurzen Wellen, aufab, aufab, und landete auf dem Fensterbrett.

Der alte Mann war erschrockener als der Vogel, der als erstes einmal sich ausgiebig zu kratzen begann.

»Guten Tag« sagte er, wobei er kaum wagte, sich zu bewegen, »guten Tag! Mein Gott, bist du eine kleine Federflocke! Und deine zum Erbarmen dünnen Beinchen, in denen doch Leben pulst und die den schlimmen Winter überstehen. Ich selbst sei alt und ein bißchen rührselig, wirst du sagen. Ja, das mag sein. Aber ich erinnere mich, daß ich es schon in meiner Kindheit war, als ich wünschte, der Bruder der Tiere werden zu können. Ich bitte dich, hör jetzt auf, dich zu jucken, ich will mich mit dir unterhalten. Damals, entsinne ich mich, bat ich meine Mutter, mir kein

Fleisch mehr zu essen zu geben, und von meinem Taschengeld kaufte ich unserem Schuster die gefangenen Stare und Finken ab, um sie freizulassen. Ich bin heute ein alter Mann, aber immer noch verfolgen mich die Schlachthöfe und das Brüllen der Kühe auf den nächtlichen Verladebahnhöfen im Traum. Und immer noch denke ich an das Bild, wie einst ein Oleanderschwärmer sich an die Hauswand klammerte, als ich ihn mit Gift bespritzte, weil ich ihn für den schädlichen Kiefernschwärmer hielt. Er wehrte sich nicht, denn das Gift kam zu schnell, er zitterte, klammerte sich an und hoffte, es würde vorübergehen. Aber es ging nicht vorüber; ich tötete ihn. Ich möchte es so gerne vergessen!
Du meinst, das sei nicht so schlimm? Du würdest auch Insekten verspeisen, die am Leben bleiben möchten? Das ist nicht dasselbe, mein lieber Fink, du brauchst mir nichts vorzumachen. Du vergißt mein Gewissen. Hast du ein Gewissen? Antworte mir!
Nein, ich glaube nicht. Ihr braucht kein Gewissen, weil ihr im Einklang mit eurer Natur lebt. Ich verstehe!
Die Sache mit unserem Gewissen ist eine rätselhafte Sache. Kant hat gesagt, das sei so eine

Art kategorischer Imperativ, also eine Forderung, die, ohne nach Zweck und Notwendigkeit zu fragen, in uns liegt. Schön, nicht?

Aber ziemlich mysteriös. Warum hast du diese Forderung dann nicht? Merkst du was? Er ist nicht sehr weit gekommen mit seinem Denken, dieser Kant.

Komisch. Diese Philosophen kommen einfach nicht davon los, daß die Menschen ein Sonderfall in der Schöpfung sind. In einer bestimmten Beziehung sind sie es ja wirklich. Nimm mal die Bibel, Fink, die Sache mit der Vertreibung aus dem Paradies. Als Adam und Eva gegen Gottes Gebot gehandelt hatten, machte er das Paradies zu. Er jagte uns Menschen hinaus. Euch aber auch! Worin habt ihr denn gesündigt?

Seither müßt ihr gegen lauter Feinde kämpfen, den bösen Winter überstehen und herumrasen, um nicht zu verhungern. Warum? Ich weiß es nicht. Eines aber ist mir klar: Er hat euch zum Trost und Ausgleich mit einem Gewissen verschont. Ein Gewissen haben nur wir Menschen. Es ist also eine Strafe, und zwar eine schreckliche. Gott hat sicher nicht, als er die Menschen aus dem Paradies vertrieb,

gesagt: Im Schweiße eures Angesichts sollt ihr euer Brot essen; er hat gesagt: Zur Strafe gebe ich euch ein Gewissen. Hütet es! Wenn ihr das Gewissen verliert, werde ich euch vernichten. Ah, das ist ein großer Gedanke! Es freut mich, daß er mir altem Mann noch gekommen ist. Ich bitte dich, höre auf, dich zu jucken! Du hast bestimmt keine Flöhe, so wie du aussiehst! Ich will mich mit dir unterhalten; also, was sagte ich?
Gewissen! Wenn ich es mir recht überlege, gibt es eigentlich nur ein schlechtes Gewissen. Verstehst du? Ein *gutes* Gewissen ist nichts, null. Man sagt: Ein gutes Gewissen ist ein sanftes Ruhekissen, das bedeutet, es gibt nichts Böses, das mir ein schlechtes Gewissen verursachen würde. Du zum Beispiel, alter Freund, hast nie ein schlechtes Gewissen; du denkst vielleicht, daß du daher auch nicht die Freude des guten Gewissens kennst. Ach, mein Lieber, du versäumst nichts; diese Freude ist ziemlich kläglich, glaube mir.
Aber Gedanken machst du dir doch? Natürlich. Nur das räuberische Menschengeschlecht beschwichtigt sich, indem es behauptet, ihr seid stumpf und seelenlos. Glaube mir, wenn ihr sprechen könntet, würde für die

Menschheit die Welt einstürzen. Wir könnten nicht mehr an ein Schlachthaus denken, wir würden immer im Ohr haben, wie die Tiere uns anflehen: Tötet uns nicht, wir haben euch doch nichts getan, Gnade! Gnade! Das wäre eine schöne Bescherung. Denn dann käme noch der Verdacht hinzu, daß ihr vielleicht auch an Gott glaubt.

So aber – ihr seid stumm, und wer stumm ist, ist vor uns verloren.«

Der Fink saß jetzt still da und blickte den Menschen unverwandt an. Seine Brust hob und senkte sich im Schlag seines Herzens.

»Ich sehe«, fuhr der alte Mann fort, »wie dein winziges Herz schlägt. Es fühlt Freude und Schrecken, genau wie meines; ich weiß. Aber was ich nicht weiß: Machst du dir Gedanken über die Zukunft? Nein? Denkst du nie an den Tod? Dann denkst du auch nie darüber nach, was nach dem Tod kommen wird? Du lebst also in den Tag hinein, wie schön! Aber wenn du krank oder schwach wirst, spürst du dann das Nahen des Endes? Ja?

Und? Und?

Ergibst du dich dann? Wie der Schmetterling, als er im Wasser lag? Spürst du dann irgend etwas von einem allmächtigen Schöpfer?

Antworte mir doch dieses einzige Mal, ich möchte so brennend gern hinter das Geheimnis deiner Seele kommen!
Ich frage mich nämlich, kleiner Freund, ob das Gottsuchen und das Ewigkeitssuchen bei uns Menschen nicht aus einem ganz miesen, suspekten Grunde kommt und nicht aus der Sehnsucht. Nimm mal an, wir würden so kurz, so von Tag zu Tag und von Zukunftsgedanken unbedrückt leben wie du, jeder Minute, jedem Sonnenstrahl hingegeben – würden wir dann auch noch über Gott nachgrübeln? Oder nimm an, wir Menschen wären unsterblich – würden wir uns auch dann noch um den Schöpfer scheren?
Du juckst dich wieder, und ich möchte mich auch gern hinter dem Ohr kratzen.
Wenn ich es tue, fliegst du weg; ich muß aber noch mit dir reden.
Ja, das ist eine böse Frage, die ich da stellte, nicht? Ich fürchte, ich kenne die Antwort. Keine Zeit haben wie eine Eintagsfliege oder keine Angst haben wie ein Unsterblicher – und Gott ist erledigt.
Ach, mein lieber Fink!
Ich habe dich ein Viertelstündchen lang beobachtet. Da bin ich, das ist wirklich wahr, so

klein geworden wie du, habe neben dir auf dem Fliederzweig gesessen und zur Vogeltränke hinabgesehen. Du glaubst mir nicht? Du kannst mir getrost glauben. Ich habe dich gut verstanden, ich habe auch gespürt, daß die Sache mit dem Wasser und dem Falter ein schönes Erlebnis für dich war. Ja, das Leben ist schön, wenn man es nicht zergrübeln muß; wenn man nicht an den Schöpfer, an das Universum, an den Sinn der Welt, an den Tod und an das Nachher denken muß. Du hast es gut; glaube mir, du hast es gut trotz Hilflosigkeit bei Krankheit und Not, trotz Hunger und Durst, du hast es gut, du kannst nicht aus Gottes Hand fallen.

Warum duldet es Gott bei euch und nicht auch bei uns Menschen? Warum? Du weißt es nicht. Und ich weiß es auch nicht.

Ich wollte gerade sagen: Ich muß darüber nachdenken. Aber eben dies will ich nicht mehr. Da ich alt bin und im Leben keine Pflichten mehr habe, will ich die kleine Zeit, die mir noch bleibt, nutzen und jeden Tag zu dir kommen oder zu einem Spatzen oder zu einer Blume und versuchen, ein paar Minuten in euch zu leben. Ich will mich nicht mehr fürchten, wenn die Dämmerung kommt; ihr sollt mich lehren, dieser Welt so Adieu zu sagen, wie ihr es tut. Das wäre – ja, wenn euch das gelänge, dann wäre ich glücklich.«

Der alte Mann faltete die Hände.

Warum eigentlich?

Durch die Bewegung erschreckt, flog der Fink davon.

In schnellen Schwüngen strich er über den Garten, höher und höher, bis er auf der Spitze eines Baumes landete.

Er drehte sich der Sonne zu und begann zu singen.

## ADAGIO CON FINALE APPASSIONATO

Auch den zweiten Brief an seine Tochter begann er: »Mein liebes Kind, Dein Brief ist mir sehr nahe gegangen.« Er erinnerte sich nicht mehr, daß er dieselben Worte schon einmal gebraucht hatte. Er entsann sich überhaupt nur sehr ungenau, was er ihr damals über ihr Gottsuchen, über die Religion und über die Sache mit dem Kriegskameraden und dem Wegerich geschrieben hatte. Wie hatte er geschlossen? »Sei stark«?

Sie war nicht stark, er sah es nun. Ihre Antwort war eine Klage um den verlorenen Kinderglauben und – was schlimmer klang – die Furcht vor der Leere. Sie warf sich dem Vater noch einmal in die Arme.

Als er sich am Abend niedersetzte, um ihr zu antworten, wußte er, daß es eine lange Nacht werden würde.

Er schrieb:

»Mein liebes Kind,

Dein Brief ist mir sehr nahe gegangen. Das

Ende Deines traurigen und mutlosen Liedes ist: Ich soll Dir sagen, was *ich* glaube. Ich soll Dir meinen Glauben, der mich so sicher und ruhig sein läßt, übertragen. Nicht wahr, Du hättest am liebsten geschrieben: Nimm mich mit Dir.

Ich will es versuchen.

Es wird ein langer Brief werden. Was ich mir vorgenommen habe, ist mehr als ein Bekenntnis, es ist ein Rechenschaftsbericht. Ich denke, nur so erreiche ich Deinen kritischen Verstand, der sich Deinem Herzen anscheinend überall in den Weg stellt. Er will nüchterne Antworten. Ich will sie ihm geben.

Ich habe keine Sorge, daß Du diesen Brief nicht mit großem Ernst liest, ich bin nur besorgt, daß Du die Worte verschlingst. Tu es nicht! Ich schreibe langsam, sehr langsam; lies auch Du so. Ich muß mich vortasten, denn es darf nirgends in meinen Worten eine Unklarheit stecken, nirgends Dichtung; zwischen uns sei Wahrheit. Ich will Dich Schritt für Schritt führen, und jede Stufe muß sicher und unantastbar sein. Dabei muß ich schlicht schreiben. Nur das kann uns den Frieden bringen, was wir auch ohne die ›Hebel und Zangen‹ der Wissenschaft begreifen. Gibst Du mir recht? Wir alle sind jener Reisende der Bibel, der, hilflos am Wege liegend, sich nichts vom Gelehrten erhoffen durfte und nichts vom Priester, die an ihm vorübergingen. ›Ein Samariter aber, da er ihn sah, ging zu ihm, verband ihm seine Wunden und goß darein Öl und Wein.‹

Es ist Spätabend. Die ganze Nacht liegt vor mir, und ich werde sie brauchen. Ich muß mich sammeln. Habe Geduld.

Alles Leben auf dieser Erde ist etwas Rundes, in sich Geschlossenes, Lückenloses, buchhalterisch Ausgeglichenes. Das Leben wird gegeben und wird genommen; alles auf dieser Erde entsteht, existiert, vergeht, entsteht, existiert, vergeht. Das müßte befriedigen, so wie eine ausgeglichene Bilanz jeden Buchhalter befriedigt.

Du wirst etwas verwundert sein, liebe Ruth, wie profan ich das sehe. Ich *sehe* es nicht profan, ich konstatiere das Profane daran. Das Ring-Ähnliche, das Perpetuum-mobile-Ähnliche macht das Irdische autark. Das Universum stellt uns durchaus nicht von vornherein irgendwelche Fragen, uns ebensowenig wie einem Baum oder einem Kieselstein. *Das* wollte ich sagen.

Dennoch fragen wir.
Wir fragen offenbar seit Tausenden von Jahren. Der Neandertaler hat ganz sicher noch nicht gefragt.
Warum nicht? Der kritische Verstand reichte nicht aus?
Das glaube ich nicht. Es genügt ein Minimum, um sich über den Sternenhimmel zu wundern. Ich glaube, der Grund ist ein anderer. Das Leben des Neandertalers vollzog sich auf der gleichen Ebene wie das der Tiere. Denke nicht, daß ich ihn damit herabsetze. Ich sage nur: Er war noch unabhängig von seinem Denkvermögen. Verstehst Du? Er lebte ›in den Tag‹ – dies meine ich ebenfalls nicht herabsetzend; auch ein Tier lebt bewundernswert in den Tag.
Es ist also gar nicht richtig, wenn die Philosophen, von Aristoteles bis Kant, glauben, der Mensch habe stets nach dem Sinn der Welt und dem Urheber der Welt gefragt. Gewiß nicht. Von irgendwann ab – ja. Wann? Als der Verstand sich so weit verselbständigt hatte, daß er unnütze Fragen stellte.
Hier, bei dem Worte unnütz würden alle braven Christen aufschreien; dennoch werde ich wohl recht haben.

Für den Menschen, der die Frage zum erstenmal stellte, war sie absolut unnütz; sie brachte ihm keine Nahrung ein, keine Unterkunft, keine Frau, keine Kinder – sie machte ihn auch ganz bestimmt nicht besser. Es konnte ihm wirklich ganz gleichgültig sein, wann und wie und wodurch die Erde entstanden war. *Wenn* er aber schon fragte, dann lag der Gedanke an einen Zauberer, an einen Häuptling, an eine personifizierte Macht als Schöpfer nahe, denn das entsprach den primitivsten Erfahrungen, Erfahrungen, die damals bestimmt nicht heiter und erfreulich waren. Das Genesen von einer Krankheit, das Überwinden einer Gefahr brachten den frühen Menschen gewiß nicht auf die Gottesfrage. Nicht Dankbarkeit oder Liebe brachten ihn auf den Gedanken, es könnte einen Allmächtigen geben, sondern die Angst.

Das ist verächtlich, aber leider sehr, sehr einleuchtend.

Man begann, sich nun nicht nur vor dem Blitz, dem Sturm, der Giftschlange und dem Auerochsen zu fürchten, sondern vor etwas Unbestimmtem, das es eventuell und vielleicht und möglicherweise gab. Man begann nachzudenken.

Seit die Menschen Schriftzeichen oder Wortsymbole kennen, seit sie imstande sind, späteren Generationen und späteren Jahrtausenden eine Nachricht davon zu hinterlassen, was sie taten, dachten und fühlten, haben sie uns zu sagen versucht, wie verzweifelt sie alle über die Macht des Schicksals, über die Geringfügigkeit des irdischen Lebens und über das Unfaßliche der Ewigkeit nachgedacht haben. Und die Menschen tun es noch heute.
Auch der Erfolg ist der gleiche, nämlich Null. In den letzten zweihundert Jahren haben sich ungeheure Mengen an neuen Kenntnissen angesammelt – Erkenntnis nicht eine. Denn es ist für die metaphysischen Fragen gleichgültig, ob wir die Gene verändern, Atome spalten und auf dem Mars landen können. Das immer weitere Vorstoßen in das Universum – das alles ist eine Zeitlang verwirrend, dann erfüllt es mit Stolz und dann wird es zum übrigen gelegt. Die Untersuchung der uns umgebenden Kulisse ist vergeblich. Noch nie hat ein Wissenschaftler auf die letzten Fragen der Menschheit eine Antwort geben können, die uns geholfen hätte.
Überblickt man die Zeitspanne, die das Menschengeschlecht zur Verfügung hatte, und

sucht man nach geistigen Ereignissen, die der ungeheuren Fragestellung adäquat sind, so kommt man zu der im tiefsten Sinne erschütternden Feststellung, daß es nur ein einziges Ereignis dieses Ausmaßes gegeben hat: Jene Tausende von Jahren zurückliegende Geburtsstunde des Religionsgedankens. Ich muß mich präzise ausdrücken: Ich meine nicht einen Religionsinhalt, ich meine die Erfindung ›Religion‹, das Prinzip. Versteh das Wort Erfindung nicht abwertend, sondern bewundernd. Die Erfindung ›Religion‹ war der einzige, der erste und zugleich letzte Versuch, zu einer Antwort zu kommen – er war die unfaßbare, verzweifelte Kraftanstrengung, den unlösbaren Fragen ein Ende zu bereiten. Es gelang durch etwas, was man nicht für möglich halten möchte: durch das Hinüberwechseln von Wissen zu Glauben. Mache Dir klar, was das heißt: etwas als total gewiß zu unterstellen, zu dessen Unterstellung man gerade durch totale Ungewißheit gekommen ist. Diese Erfindung lag nicht nahe. Sie war im Gegenteil eine Leistung ohnegleichen. Sie lag außerhalb des Naturnotwendigen. Sie lag so außerhalb des Gegebenen der menschlichen Welt, wie wir sie ja auch noch heute für außer-

halb der animalischen Welt halten. Wir sind doch wohl überzeugt, daß Tiere keine Religion haben.
Eine Leistung also ohnegleichen, kein Zweifel. Denn es gab zu dieser Erfindung nur einen geringfügigen Hinweis, eine einzige Stütze: das Bewußtsein des Dualismus Leib-Seele, wobei es den Menschen geschienen haben muß, als sei der zweite Teil, die ›Seele‹, dasjenige, das auf unseren Zusammenhang mit etwas Unirdischem, Jenseitigem, Unsichtbarem und Amorphem hindeute.
Das Leib-Seele-Problem war also für die Menschen nicht eines von vielen Rätseln, sondern es war das Rätsel schlechthin. Es war das einzige, das jeder verkapselt in sich trug. In jedem Menschen hämmerte das ›Ich, Ich, Ich‹, wobei niemand auch nur einen Moment in die Versuchung kam, an seinem Körper hinunterzusehen, als könne dieser das ›Ich‹ sein, sondern jeder horchte nach innen, versuchte, die Kontakte abzuschalten, um sich so weit wie möglich einmal nur in diesem rätselhaften Unkörperlichen, der Seele, zu fühlen. Dazu brauchte er keine Umwelterfahrung und keine wissenschaftlichen Kenntnisse.
Es war ein Phänomen, das zwar in Massen ge-

liefert wurde, jedoch jeder einzelne exklusiv besaß, und zwar vollständig exklusiv. Lediglich die Sprache gestattete dem Nebenmann mitzuteilen, daß er in einer offenbar sehr ähnlichen Lage war.
Also nur durch Rückschluß kam man zu der Feststellung, daß das Leib-Seele-Rätsel die gesamte Menschheit betraf, genauer: die Gesamtheit derjenigen Lebewesen, die uns ihr Denken in Kategorien vermittels der Sprache verständlich machen konnte. So wollen wir es formulieren; es ist anständiger, weil einsichtiger. Ich habe die unglaublich narzissische Einstellung der Menschheit gegenüber den Tieren niemals verstehen können.
An dieser Stelle, Kind, möchte ich Dich davor warnen, jemals in einem Gespräch die Frage aufzuwerfen, ob auch die Tiere oder Pflanzen eine Seele haben. Du wirst entweder auf eine explosiv losbrechende intellektuelle Diarrhoe oder auf jene süffisante Ablehnung stoßen, die aus dem Selbsterhaltungstrieb der eitlen hochgepäppelten Masse kommt. Da der Plebs die Fähigkeit des Quatschens für das größte Gut des Menschengeschlechts und für das höchste Privileg hält, ist er überzeugt, denjenigen Teil der Schöpfung, der nicht in unseren Lauten zu

uns sprechen kann, für inferior halten zu dürfen.

Natürlich hatten Platon, Gautama Buddha und Goethe nichts dagegen, sich auf ihrem Marsch in die Ewigkeit von der Tierseele begleitet zu sehen. Wohl aber hat es die Masse Mensch. Sie wird bösartig bei der Vorstellung, ein Hund könne an derselben Nabelschnur des Universums hängen wie sie. Die wütendsten Bekämpfer dieser Vorstellung sind ausgerechnet jene, die sich schon in frühester Zeit anboten, zwischen den verängstigten Menschen und der geahnten überirdischen Macht zu vermitteln. Für sie sind Hunde natürlich keine lohnende Klientel.

Mit großem Einfühlungsvermögen in die Ängste des Menschen erkannten diese Leute, welche Möglichkeiten darin lagen, den ungenauen und nebulösen Jenseitsvorstellungen eine feste Gestalt mit festen Versprechungen zu geben. Ihnen war klar, daß zu den stärksten Wünschen die Erhaltung der Person und die Verewigung des Lebens gehört. Tatsächlich ist es noch keinem Religionsstifter in der Welt gelungen, an der Berücksichtigung dieser Wünsche, vor allem dem der Ich-Erhaltung, vorbeizukommen. Sie ist eine sine qua non-

Bedingung des Begriffs ›Religion‹. Alle berücksichtigen diesen Wunsch. Selbstredend positiv.
Wenn das Angstmotiv schon verächtlich ist, so ist diese Bestechlichkeit der Menschen noch verächtlicher. Aber, ich wiederhole, sehr einleuchtend. Du kannst Dir, liebe Ruth, vielleicht vorstellen, wie traurig ich war, als mir diese Erkenntnis kam.
Es war verhältnismäßig leicht, aus dem einfachen, wunschlosen ›Ich glaube‹ eine Organisation mit diktatorischer Führung zu machen. Wo Du in der Geschichte auch hinschaust, siehst du die gleiche Entwicklung und den gleichen beruflichen Aufschwung der Vermittler: In Babylon, in Indien, in Rom, in Ägypten. Der Siegeszug der Erfindung ›Religion‹ war nicht zu bremsen.
Aber je weiter die Zeit fortschritt, je sicherer der Mensch auf seinen zwei Beinen ging, je nüchterner er beobachtete, desto unangenehmer wurde es für die Religionen. Und als der menschliche Verstand explodierte, als er forschte, untersuchte, Erfindungen machte, durch Mikroskope schaute und durch Fernrohre in die Sternenwelt blickte, da wurde die Sache immer peinlicher und die Unvereinbar-

keit mit den Glaubensthesen immer größer. Jedoch, anstatt sich klugerweise auf die abstrakten und unverbindlichsten Thesen zurückzuziehen, begingen die Religionen die nur aus ihrer Herrschsucht begreifliche Unvorsichtigkeit, sich auf immer mehr Details zu versteifen, auch auf solche, vor denen die Wissenschaft keineswegs mehr ohne eindeutigen Gegenbeweis stand.
So hat Papst Pius XII. noch im Jahre 1950 die leibliche Himmelfahrt Mariä als Glaubensthese verkündet.
Was ist das? Wie nennt man so etwas? Ich, mein Kind, nenne es: mit der Ehrfurchtsfähigkeit des Menschen hämisches Spiel treiben. Ich finde kein milderes Wort, denn es ist für den Gottesglauben nun wirklich total gleichgültig, ob Maria in Rock und Schuhen zum Himmel gefahren ist oder nicht. Das ist bösartig, vor allem aber ist es unklug. Mit solchen Sachen haben bisher alle früheren Religionen ihren Untergang eingeläutet. An den starrsinnigen Forderungen ist die hellenische vertrocknet, die römische, die ägyptische – alle alten. Zwar hat es barockes Beiwerk jederzeit gegeben, aber es war immer vom Volk der Gläubigen als Bedürfnis selbst geboren; wenn

es jedoch von halsstarrigen Alten befohlen wird, ist die Wachablösung nahe.
Die heutige christliche Lehre ist bereits in einer unlösbaren Situation. Die Forscher liefern uns Ergebnisse, die mit äußerster Unpersönlichkeit erzielt wurden, Kausalität, Akausalität, Determinismus, Indeterminismus, Komplementarität, Simultanität und tausend andere Dinge und Begriffe. Stört sie das nicht als Christen, die an die leibliche Himmelfahrt Mariä glauben sollen? Ist das nicht ungeheuerlich? Sie müßten doch alle in den Nöten sein, in denen *Du* bist? Sind sie es?
Oh, nein. Die Menschen sind groß im Selbstbetrug. Diese doch wohl klugen Köpfe, die dienstlich alles zusammentragen, was den christlichen kirchenstrengen Glauben ad absurdum führt, hängen außerdienstlich diesem Glauben weiter an. Das Wort ›anhängen‹ verdeutlicht ihre Gefühle sehr präzise, weit besser als jedes andere, etwa abfällige Wort. Man sagt ›Ich hänge daran . . .‹, wenn man etwas unbeschadet seines fragwürdigen Wertes nicht missen möchte. Genau dies ist es. Warum – so sagen sie sich – sollte man sich einer Sache wie der Religion begeben, an der zu partizipieren ohne Schwierigkeit und ohne sonderliches

Opfer möglich ist. Die Religion ist im Alltag ein schwebendes Nebenher geworden.
Die Sicherheit, mit der die Menschen behaupten, Eingang zur Religion gefunden zu haben, ist entwaffnend; noch erstaunlicher ist die Art, wie sie mit ihr verkehren. Wir wollen von den Wenigen absehen, die sich noch quälen. Aber für die Menge ist die belanglose Unverbindlichkeit des ›Glaubens‹ nichts Bedrükkendes. Die vollkommene Umschreibung der Situation hat ein Amerikaner geliefert, der als liebenswürdiges Idol unserer Zeit gilt und der, wenn ich mich nicht irre, auch Dir einmal ausnehmend gefallen hat, der Schlagersänger Frank Sinatra. Er sagte: ›Ich bin für alles, was einem über die Nacht hinweghilft, ob es nun ein Gebet, ein Schlafmittel oder eine Flasche Whisky ist.‹
Die Menschen, Ruth, haben mit der Religion das getan, was sie mit der uralten Erfindung, dem Wagenrad, getan haben: Sie haben sie luftgepolstert. Es rüttelt nun nichts mehr. Man kann dahingleiten und merkt es kaum.
Du wirst mir recht geben: Gute Nacht, Welt! Gute Nacht, Gott!
Was bleibt uns?
Nur das, was die Menschheit als einziges si-

cher hat: Das Bewußtsein des Dualismus Leib/Seele.

Wir zwei, Ruth, müssen uns nun von Anfang wieder vortasten. Lies langsam, so wie ich jetzt auch sehr langsam schreiben werde. Es ist Mitternacht. Ich wünschte, Du würdest in diesem Augenblick glücklich und traumlos schlafen. Ich wache für Dich.

Also, beginnen wir!

Über die Seele und das Leib-Seele-Verhältnis sind Tausende, wahrscheinlich Hunderttausende von Abhandlungen geschrieben worden. Das trifft zwar auch auf andere Gebiete zu, jedoch haben die Forscher auf keinem anderen so wenig handfeste Ergebnisse aufzuweisen und damit: Antworten bereit, wie auf diesem.

Für einen Psychologen, der seit Jahren den Neuerscheinungen mit hängender Zunge nachjagt, gibt es daher nichts Aufreizenderes, als von einem Außenstehenden guten Mutes auf das Leib-Seele-Problem angesprochen zu werden. Tatsächlich hat die Wissenschaft es aufgegeben, die metaphysische Frage selbst zum Gegenstand der Forschung zu machen, ganz einfach, weil sie sich dem Zugriff vollständig entzieht und weil ein Arbeiten mit

Hypothesen um der Hypothesen willen eben unvereinbar mit dem Begriff Wissenschaft ist. Die heutige Psychologie beschäftigt sich nur noch mit den Erscheinungsformen und Akten des seelischen Geschehens. Sie beobachtet sie, sie beschreibt sie, sie experimentiert mit ihnen, sie sortiert und eliminiert ihre Beziehungen zum Leiblichen und ist vollauf davon in Anspruch genommen, über die neuesten biochemischen Forschungsergebnisse orientiert zu sein, deren sie sich mit dem gleichen Resultat bedient, mit dem wir uns heute des Metermaßes statt des alten Zollstocks bedienen. Sie befindet sich, bildhaft gesagt, in der Lage eines Mannes, der einen Flugzeugträger zum Objekt seiner Beobachtungen macht, den Anflug und Abflug der Flugzeuge auf das genaueste kontrolliert, ihre Phonstärke mißt, die Abgase analysiert, von den Schiffsingenieuren über die Startbahn so exakt wie nie zuvor unterrichtet ist – über die Konstruktion eines Flugzeuges aber, über seinen Sinn und sein Reiseziel nichts auszusagen imstande ist.

Die Philosophen früherer Epochen dagegen haben noch – im Bewußtsein ihrer Pflicht – *bekannt*. Platon hielt die Seele für etwas Eigenexistentes, für eine ›geistige Substanz‹, die

die Welt bewegt und erkennt. Er glaubte an ihre Unvergänglichkeit und an einen Zusammenhang mit etwas, was er ›Weltseele‹ nannte. Für Aristoteles war die Seele die ›Entelechie‹, das heißt dasjenige, was Sinn und Ziel der Welt in sich trägt und für den Stoff das formbildende Prinzip ist. Folgerichtig gesteht er auch Tieren und Pflanzen eine Seele zu. Demokritos, der sich als erster die Welt in Atomen vorstellte, sah auch die Seele als atomares Gebilde, das die ganze Welt erfüllte und von den Lebewesen eingeatmet würde. Er behielt also die Zweiteilung bei, sah die Seele aber materialistisch.

Die modernen Materialisten halten das Phänomen, das wir als ›seelisch‹ bezeichnen, für nichts als die Summe der Funktionen des Nervensystems (Haeckel) und jede Jenseitsvermutung für reinen Psychologismus (Feuerbach).

Die Väter des modernen Idealismus glauben an die Selbständigkeit des Seelischen, deuten es aber verschieden, bald als eine Art – wie die heutige Physik sagen würde – Komplementarität (Spinoza, Hegel), bald als eine Zwillingsschöpfung zum Leiblichen (Leibniz).

Das alles ist sehr scharfsinnig. Es ist auch be-

wundernswert. Vor allem aber ist es nutzlos. Denn eine Antwort, die eine gegensätzliche zuläßt, ist im Rahmen unserer persönlichen Todeserwartung leider nicht befriedigend.
Auffallend ist jedoch eines: Alle gehen davon aus und konstatieren, daß sie die Doppelbödigkeit unserer Existenz (Leib und Seele) als Phänomen tagtäglich an sich selbst erfahren. Dieser Satz scheint auf den ersten Blick nicht viel darzustellen. Tatsächlich jedoch bildet er die am weitesten in das Meer des Nichtwissens vorgeschobene Mole. Er besagt, daß wir das Phänomen Seele als etwas Unverkennbares wahrnehmen und (jetzt kommt eine außerordentlich bedeutsame Negation) als für die Materie nicht a priori notwendig zu Denkendes. Ich wiederhole: Der Satz besagt, daß sich alle Menschen einig in der Beobachtung selbst sind, und er besagt, daß für unser Gehirn kein Zwang besteht, sich das Seelisch-Geistige als Voraussetzung für das Existieren von Materie überhaupt vorzustellen.
Der Satz, den ich eben als so wichtig hinstellte, ist nicht neu. Er ist es schon seit geraumer Zeit nicht mehr; bereits Kant ist mit seiner Theorie, daß Seele das Prinzip des *Lebens* in der Materie sei, über ihn hinausgegangen. Uns

interessiert jedoch alles, was über ihn hinausgegangen ist, nicht die Spur. Wir wünschen lediglich, diesen Satz sicher zu haben.

Er bildet den Ausgangspunkt für eine Feststellung, die ebenfalls den Vorzug hat, nicht neu zu sein. Es ist die Feststellung, daß wir zweifach existieren – in einem seelischen Ich (dem eigentlichen Bewußtsein) und in einem (nur als damit gekoppelt wahrgenommenen) körperlichen Ich. Bei einer Konfrontation dieser beiden können wir nicht umhin, das leibliche Ich als nur mit Vorbehalt identisch mit »uns« zu betrachten, auch wenn wir uns noch so sehr bemühen, das Bein oder den Finger oder die Nase mit dem geistig gelebten Ich zu identifizieren. Das seelische Ich lebt eigentlich recht junggesellig allein, und zwar je höher es entwickelt ist, desto souveräner. Wird in Fällen von Unlust, Ermüdung oder Schmerzempfindung das körperliche Ich laut, so fühlt sich das seelische Ich nur lästig daran erinnert, daß es ein körperliches Ich als Klotz am Bein hat; Fälle wollüstiger Empfindung dagegen nimmt es mit Selbstverständlichkeit und undankbar hin. Versuche, zu einer innigeren Identifizierung zu gelangen, scheitern. Es ist nicht eine Frage der Gedankenlosigkeit oder des guten

Willens, es ist offensichtlich eine Frage des Vorrangs.

Ein etwas ominöses Wort, dieses Wort Vorrang. Es setzt eigentlich eine Rangliste voraus, nach Lebenswichtigkeit zum Beispiel. Nichts dergleichen natürlich! In einem anderen Sinne trifft das Wort Vorrang zu: Die ›Anerkennung‹ des Körpers durch das seelische Ich erfolgt tatsächlich erst im Laufe der frühen Lebenszeit. Säuglinge kennen ihren Leib nur ›vom Sehen‹. Das seelische Ich findet sich mit der Zuteilung eines Leibes erst allmählich wie mit einem fait accompli ab und gewinnt dieser Seite, je nach Veranlagung, mit der Zeit mehr oder weniger Freude ab. Im tiefsten Grunde aber bleibt das körperliche Ich ein nur akzeptiertes Auch-Ich.

Die Abhängigkeit vom Körper ist für das seelische Ich selten ein Grund zur Freude. Ärgerlich geradezu wird diese Abhängigkeit in Fällen von materieller Bedrängnis oder Krankheit, am ärgsten in den Augenblicken vor dem Tode. Hier wird das Abhängigkeitsverhältnis zutiefst bedauert – eine etwas engagementlose, aber klärende Formulierung.

Das seelische Ich ›bedauert‹. Denn es selbst sieht nach Lage *seiner* Dinge die Notwendigkeit eines Endes nicht ein. In den wenigen anders scheinenden Fällen (nämlich der Resignation und Bereitschaft) liegt eine an sich unnatürliche Situation vor: Der Leib hat hier mit seinen Unzulänglichkeiten oder Leiden die Eigenwilligkeit des anderen Ichs zermürbt.

Weit aufschlußreicher für die Existenz-Kommunikation der beiden Ichs ist eine dritte mögliche Situation, nämlich die, daß das seelische Ich es ist, das sich trotz gesunden Leibes und normaler Lebensbedingungen den Tod wünscht. Zum Beispiel bei Liebesenttäuschung. Oder aus Scham über eine ehrlose Handlung. Oder bei dem, was wir Weltschmerz nennen. Also in Situationen, die im echten und ursprünglichen Sinne ›eingebildet‹ sind und zu denen der Leib nicht die geringste Beziehung hat.

Darüber müssen wir noch etwas sprechen. Es ergeben sich nämlich sogleich zwei Erkenntnisse, mit denen wir gut weiterkommen werden. Erstens: Der Leib, der doch jetzt in der Rolle des Intakten und somit Bedauernden sein müßte, ist nicht imstande, uns seinen Protest zum Bewußtsein zu bringen. Zweitens: Das seelische Ich ist, wie wir zu unserer Überraschung feststellen müssen, ebenfalls intakt.

Es ist lediglich der Konstruktion der Umwelt, der Konstellation müde. Die Konstellation ist es, aus der es heraus will. Es will ›weg‹.
Ich sage, es will ›weg‹; nicht: es will aufhören zu existieren. Es ist nämlich sehr die Frage, ob eine Formulierung wie ›er will sterben‹ überhaupt den Kern unserer Empfindungen träfe. Ein ›Wegwollen‹ können wir beispielsweise deutlich beim Sichbetrinken aus Kummer erkennen. In diesem Beispiel – und es ist keineswegs banal – deutet sich an, was ich meine: daß das seelische Ich sich angesichts eines (also von ihm eventuell selbst herbeigeführten) leiblichen Todes durchaus nicht betroffen fühlt. Nicht betroffen in seiner Existenz.
Das sind starke Hinweise dafür, daß das seelische Ich sich mit dem sterbenden Körper nicht identifiziert und sich vom leiblichen Tod nicht mit einbezogen fühlt, es sei denn, es ist von körperlichen Leiden zuvor lange genug drangsaliert oder von der Gesellschaft und ihren Angstdogmen systematisch dazu erzogen worden.
Die Bezeichnung ›Loslösung‹ (vom Körper) ist demnach richtiger als ›Tod‹ oder ›Vernichtung‹. Das seelische Ich denkt bei dem Beispiel des Selbstmordes wie bei dem Beispiel des

Sichbetrinkens an Auflösung der Symbiose, an Flucht.

Es bricht also hier bei ihm die ursprüngliche, das heißt aus seinem Ursprung kommende Einstellung zum Tode seines Leibpartners durch, nämlich das Wissen, daß vom Körper lediglich seine irdische Präsenz, nicht aber seine Existenz abhängt.

Die Unterscheidung Präsenz/Existenz ist eine inhaltsschwere Formulierung. Irdische Präsenz ist etwas Begrenzteres als Existenz. Selbstverständlich bin ich mir im klaren, daß ich mit dieser Unterscheidung die Vorstellung einer überirdischen Existenz der Seele schon antippe. Jedoch wir wollen einstweilen nichts als diese Unterscheidung Präsenz/Existenz festhalten. Alle Anhänger des religiösen Glaubens an die Unsterblichkeit der Seele werden hier versichern, mir ganz besonders leicht folgen zu können. Sehr freundlich, aber es ist mir gleichgültig, ob deren religiöse Bilder sich eine Teilstrecke lang mit dem zu dekken scheinen, was wir beide gerade aus Phänomenen geschlossen haben. Es geht uns zunächst nichts an, ob diese Dinge vorstellbar sind oder nicht.

Sei bitte nicht ungeduldig, wenn ich das, was

wir bisher erkannt haben, wie ein väterlicher Schulmeister noch einmal wiederhole; es ist wichtig:

1) Unsere irdische Existenz ist eine Symbiose zweier Teile, eines Ichs, das sich in unserem Ich-Bewußtsein manifestiert, und eines Ich-Trägers, eines Körpers, der ausdrücklich akzeptiert werden muß (was er bei Irren zum Beispiel *nicht* wird).

2) Während der Körper nach den Gesetzen irdischen Werdens und Vergehens konstruiert ist, weisen bestimmte Phänomene darauf hin, daß das seelische Ich sich beim Tode des Körpers in seiner Existenz nicht gefährdet oder betroffen fühlen muß. Nur der eindrucksvolle, aber oberflächliche Augenschein des Todes läßt die Dummköpfe, also die meisten Menschen, Existenz und Präsenz verwechseln.

3) Wieweit eine Seele verwirrt und geängstigt werden kann, ist eine Frage der tausendjahrelangen Beeinflussung und des Denktrainings. Dies jedoch ist eine individuelle Frage, die eine so eherne Konstante wie die Existenz des seelischen Ichs nicht berühren kann. Nicht konstant sind also – so schmerzlich das für die weinerlichen Gleichmacher unserer Zeit ist – die Potenz und Funktion des seelischen Ichs;

das dürftige, unausgenutzte Seelenleben der heutigen Herde führt es Dir doch wohl täglich vor Augen.
Damit ist ein Stichwort gefallen, das wir aufnehmen müssen. Wir müssen uns darüber klar sein, daß wir über das Vermögen und die Mitgift des seelischen Ichs sehr wenig wissen. Der Grund liegt nicht im Mangel an Erkenntniskraft oder im Mangel an Erscheinungen, sondern ausschließlich in unserer Nichtachtung. Dem Menschen unserer Herkunft (ich werde Dir das Wort gleich erklären) ist die Potenz der Seele egal. Infolge seiner vollkommen wahnsinnigen Anschauungen von ›leben‹ hat ihm stets ein Minimum an seelischen Fähigkeiten und ein Minimum an Einsicht in diese Dinge genügt.
Wenn ich Dir jetzt diese merkwürdige Apostrophierung ›unserer Herkunft‹ erkläre, muß ich in Kauf nehmen, daß ich Dich im ersten Moment ein bißchen vor den Kopf stoßen werde. Oder? Vielleicht bist Du selbst schon auf diese Gedanken gekommen? Ich will folgendes sagen: Wir, das Abendland, sind das Produkt aus Hellas und Christentum. Beide, Griechenland wie die Kirche, haben ewig fasziniert auf den Körper gestarrt, als These und

Antithese ihrer Bekenntnisse, als Angelpunkt allen Geschehens, als Kronzeugen ihres Dafür und Dawider; denn auch ein Dawider erhebt ein Objekt zum Mittelpunkt. Tag und Nacht haben sie – der eine in Liebe, der andere in Haß – an den Körper gedacht, beide ohne mit diesem Komplex fertig zu werden. Beide haben das Bewußtsein des Körpers überbelichtet. Beide brauchten ihn; der eine als Apoll, der andere als Luzifer. Wir verdanken Hellas den ewigen Liebesgedanken an den Körper und dem Christentum den ewigen Haßgedanken – zwei Fesseln, gleich stark.
Unsere Herkunft aus den Wurzeln Hellas und Christentum ist für das Vermögen, das in dem seelischen Ich in Wahrheit liegt, ein Verhängnis.
Ich glaube, daß es keinen Kulturkreis gibt, der so viel mit dem Realen und so wenig mit dem Irrealen anzufangen wußte, wie der griechisch-christliche. Wenn die griechische Seele träumte, dann träumte sie an der Longe des Körpers. Die griechische Sage läßt Ikarus abstürzen. Die indische läßt die Bajadere dem Gott nachfliegen. Wie eng die Manege ist, in der unser abendländisches Ich die traurigschönen Kunststücke eines Gefangenen, eines

Gefesselten vorführen darf, zeigt ein Vergleich mit Indien. Was wir im Yoga erleben können, eine uns fast unbegreifliche Loslösung und Isolierung der Seele, das läßt uns ahnen, wessen das seelische Ich fähig ist. Alle diese Dinge wie Schmerzunempfindlichkeit, Gedankenoffenbarung, Willensübertragung, Entrückung, alle diese Dinge, die die abendländische selbstgefällige Ahnungslosigkeit so infam mit dem Odium des Schwindels versehen hat, sind in Wahrheit Zeichen für die Vertrautheit mit einem ganz anderen Lebensumfang, Zeichen für ein ganz anderes Verhältnis zum körperlichen Ich, Zeichen einer Freiheit des seelischen Ichs, die uns erschüttern und die von Stund' an unsere ganze Sehnsucht sein müßte.

Sie ist es nicht. Tausendjahrealte Barrieren stehen dazwischen.

Denke nach, Ruth! Ist es nicht so?

Die Potenz ist also nicht konstant. Jedoch ist das Vermögen des seelischen Ichs niemals und bei keinem Menschen so gering, daß es nicht feststellbar wäre.

Die Fähigkeiten des seelischen Ichs sind sehr merkwürdiger Art. Beginnt man sie zu sondieren, so stellt sich heraus, daß die meisten,

ja, es scheint sogar: alle Fähigkeiten ›Kontaktleistungen‹ mit dem Körper sind. Das seelische Ich kann allein weder einen Stein heben noch Klavierspielen. Es kann diese Vorgänge nur veranlassen. Die Erforschung dieser wechselseitigen Bedingtheit ist ein berühmtes Wissenschaftsgebiet und eine nie endende Pfründe der Psychologen, Psychophysiker und Biologen, deren unermüdliche Feinarbeit bisher ebenso viele komplizierte wie für uns gänzlich belanglose Fakten ans Tageslicht gebracht hat. Wir wollen diese Wiese weiterhin den Berufenen zum Abgrasen überlassen!
Ich sage Dir überhaupt gleich, daß wir bei unserem Vorgehen mit keiner Liebe bei den Naturwissenschaftlern zu rechnen haben, da wir ihre filigranen Spezialkenntnisse nicht mit einbeziehen. Wir befinden uns vielmehr in der Lage eines Mannes, der ein in die Pfanne geschlagenes Ei schlicht ein Spiegelei nennt, eine Klarstellung, bei der der Hungrige die chemischen Formeln durchaus entbehren kann.
Eines ähnlich rigorosen Vorgehens bedarf es bei unseren Überlegungen, sofern wir etwas erreichen wollen.
Wenn wir feststellen, daß die Seele für sich nicht imstande ist, einen Stein zu heben, so be-

steht ebenso kein Zweifel, daß der Körper auch nicht für sich allein fähig ist, eine solche Leistung zu vollbringen. Der Körper, so wie er sich dem seelischen Ich als Partner für die irdische Symbiose darbietet, unterscheidet sich von dem besagten Stein durch weiter nichts als durch reichere und kompliziertere Organisation der Materie. Derart auf sich als einfache Existenz gestellt, kann weder der Körper den Stein, noch der Stein den Körper heben.

Was also auch immer das seelische Ich sein, wie groß auch immer seine Abhängigkeit vom Körper scheinen oder sein mag, so spricht alles dafür, daß die Seele es ist, die imstande ist, Materie von bloßer Existenz zum Leben zu erhöhen. Das Wort Leben ist weiter nichts als das Synonym für ihre Symbiose. Ein alter, stets beargwöhnter, nie widerlegter Satz.

Eine sehr merkwürdige Erscheinung interessiert mich, solange ich darüber schon nachdenke: jene Bildung eines Fundus von permanenten Aufträgen, von Daueranweisungen an das leibliche Ich, wie etwa die Atmung oder der Stoffwechsel, die auf den ersten Blick eine gewisse Unabhängigkeit des Körpers vom seelischen Ich beim Zurechtfinden im Leben vortäuschen. Tatsächlich jedoch hat das seelische Ich sich diesen Fundus permanenter Direktiven zu seiner eigenen Entlastung geschaffen. Da dieser ›Dauerauftrag‹ an den Körper am besten funktioniert, wenn sich der Geist am wenigsten einmischt, – was der Plebs in der Welt sehr schön demonstriert –, liegt der Schluß nahe, daß das seelische Ich sich diese Entlastung als eine Entlastung von der Präsenz gedacht hat, also bis zu einem gewissen Grade seine ›Anwesenheit‹ entbehrlich macht. Bildhafter ausgedrückt: die es ihm gestattet, permanent eigene Wege zu gehen. Dieser Satz Deines Vaters, liebes Kind, ist neu, noch nie ausgesprochen und daher noch nicht beargwöhnt und noch nicht widerlegt.

Jene ›eigenen Wege‹ des seelischen Ichs sind es, die uns hier interessieren.

Wenn wir zum Beispiel das Wort ›gestern‹ aussprechen und als Begriff erleben und dabei unterstellen, daß mit dem Wort kein Ziel verbunden sei, daß es also nicht irgend etwas in Erinnerung rufen soll, was eine Denkfolge veranlassen könnte, dann ist das ein Akt, der sich weder motorisch noch sonst irgendwie rückstrahlend auf den Körper auswirkt. Ich spreche also nicht vom eventuellen Beteiligtsein des Körpers am Zustandekommen dieses Vorgangs, sondern von der Wirkung *nach* dem Zustandekommen. Es würde allen Erfahrungen an uns selbst und aller Logik widersprechen, wenn wir leugnen wollten, daß dieser Akt ein Alleingang des seelischen Ichs ist. Er ist es.

Zu einem erheblich erweiterten Spaziergang dieses Ichs kommt es, wenn wir uns bei dem Wort ›gestern‹ ein ganz bestimmtes Erlebnis in Erinnerung rufen; und vollends offenkundig wird die außerhalb der nackten physikalischen Gesetze stehende Fähigkeit des seelischen Ichs, wenn wir im Traum – während der Körper seinem monotonen Dauerauftrag nachkommt – eine gestrige Begebenheit noch einmal erleben.

Hier geschieht – das Wie ist uns gleichgültig – etwas ganz Außerordentliches, etwas, worüber wir von einem Staunen ins andere fallen müßten: Das seelische Ich hat sich imstande gezeigt, sich aus der augenblicklichen Sekunde herauszubegeben!

Diese für eine nur irdische Existenz total überflüssige Fähigkeit ist ein Wunder – wenn wir unter Wunder die Durchbrechung naturgesetzlicher Ordnung und Notwendigkeit verstehen. Wir teilen dieses Wunder nicht nur – das wäre nicht störend – mit dem Kanarienvogel im Zimmer und dem Kaulbarsch, ehe er in der Pfanne liegt, sondern auch mit dem größten Idioten. So wenig schmeichelhaft das ist, so beruhigend ist es für unsere Untersuchung, denn es beweist, daß dieses Vermögen nicht eine differenzierte, ausgebildete Fähigkeit ist, sondern zum Wesen jedes seelischen Ichs gehört.

Wie groß der Schritt ist, den wir mit dieser Feststellung weitergekommen sind, wirst Du sofort sehen.

Es bedurfte der Gedankenlosigkeit und der Körper-Devotheit des hellenisch-christlichen Menschen, um ein Ereignis wie dieses Rückerlebnis mit dem mißkreditierenden Wort ›Traum‹ zu bezeichnen und damit anzudeuten, es sei nur eine Caprice, nur etwas gleichsam ›Erfundenes‹, nur eine Täuschung, die vor der erhabenen Realität von Raum und Zeit und vor dem Ernst des Lebens natürlich sofort die Segel streichen müsse.

Das ist die Einstellung einer Hökerseele, für die der Wanst die einzig harte Valuta ist.

Es macht die Sache auch nicht besser, zuzugestehen, daß gelegentlich auch der Körper an dieser Traum-›Täuschung‹ durch irrige Nervenreize Anteil nehme. Es gibt keine ›irrige‹ Anteilnahme! Ein Erlebnis ist ein Erlebnis, es gibt kein irriges. Wenn ein Mann im Traum einen Geschlechtsakt mit einer Frau vollzieht, oder, um es Dir ganz hautnah zu bringen: wenn Du im Traum mit einem Mann liebst, der Dir irgendwann einmal flüchtig begegnet ist, so hast Du diesen Akt ›erlebt‹. Dagegen hast Du den gleichzeitig stattgefundenen automatischen Stoffwechsel oder die Atmung Deines Körpers, also Vorgänge ostentativster Realität, *nicht* erlebt.

Nun wird niemand so töricht sein zu behaupten, der Träumende habe sich mit der Frau seiner Erinnerung tatsächlich vereinigt. Von einer solchen Vereinigung, die vollständig unter den Zeit-Raum-Gesetzen der Erde stattfinden müßte, ist jener Alleingang des seelischen Ichs weit entfernt. Was ihn trennt, ist eben die Tatsache des Aussteigens aus der Logik, das heißt aus der ›Richtigkeit‹, und aus der augenblicklichen Sekunde.

Wenn jemand im Traum die Schwerkraft überwindet und fliegende Schritte über Bäume und Häuser hinwegmacht, so ist das für das körperliche Ich nicht wahr, wir können es nicht als real unterstellen, weil eine solche Unterstellung angesichts der Erfahrung, die unser Körper machen würde, unbrauchbar wäre. Für das seelische Ich allein aber ist es ›wahr‹. Sogar unsere Sprache hat keinen anderen Begriff dafür. Wir sagen : ›Wer das nicht erlebt hat, weiß nicht, wie schön es ist‹. Es gibt keine andere Möglichkeit, als es ›erlebt‹ zu nennen. Wäre es nur ausgedacht, also als etwas Unlogisches und Unmögliches *vorgestellt*, so wüßten wir durchaus nicht, wie das Schweben ist.

Das seelische Ich offenbart hier – wie immer es die Wissenschaftler drehen und wenden mögen –, daß seine Existenz außerhalb jener Gesetze steht, die unsere irdische Welt ausmachen, und an die das andere Ich, der Körper, so strikt gebunden ist. Sich aus der augenblicklichen Sekunde hinausbegeben zu können, bedeutet, aus der Zeit aussteigen zu können.

Wer imstande ist, sich aus dem fundamentalen Raum-Zeit-Gesetz hinauszubegeben, ist – ich benutze jetzt ein außerordentliches Wort – nicht von dieser Welt.

Das ist eine nüchterne, nicht eine ambitionierte Feststellung. Und es verbietet sich für jeden, der zu einer Klarheit kommen will, von selbst, darüber hinaus Gedanken weiterzuspinnen.

Wir stehen, solange wir unsere Feststellung so formulieren, mit beiden Beinen auf dem Erdboden; die Feststellung lautet also: Es gibt Phänomene, die uns erkennen lassen, daß wir mit einem Teil unserer Existenz in ein ›Jenseits‹ hineinragen. Dieses Jenseits ist lediglich als ›jenseits aller irdischen Gesetze‹ erkennbar und gemeint. Das Wort steht ohne jedes Attribut da. Es ist kein Glaubenssatz, es ist eine Erfahrung.

Wenn wir unsere Formulierung, daß das seelische Ich weder unter dem Gesetz des irdischen Vergehens, noch unter dem Raum-Zeit-Gesetz steht, positiv bilden, so erhalten wir den Satz: Die Seele ist, wie wir jetzt annehmen müssen, unsterblich, unräumlich und unzeitlich.

Was das erste Adjektiv, unsterblich, bedeutet, ist uns nur teilweise erkennbar, nämlich so weit es als Gegensatz zur leiblichen, stofflichen Vergänglichkeit gedacht ist. Ob es mit ›ewig‹ gleichzusetzen ist, entzieht sich unserer Erkenntnis in demselben Maße, in dem uns der Begriff ›ewig‹ unvorstellbar ist.

Was das zweite Adjektiv, unräumlich, anlangt, so verbinden wir mit diesem Wort nicht mehr als eine Scheinvorstellung. Wir alle können den Begriff ›unräumlich‹ definieren, er liegt aber außerhalb unserer Erfahrung und ist damit ebenfalls unvorstellbar.
Das dritte Adjektiv, unzeitlich, beinhaltet die Unabhängigkeit von den beiden fundamentalsten Wesenszügen der Zeit: von ihrer Stetigkeit und von ihrer Nichtumkehrbarkeit. ›Unzeitlich‹ bedeutet also ein Sein nach vorwärts ebenso wie nach rückwärts, stetig ebenso wie willkürlich oder ganz angehalten. Es ist klar: mit solchen Eigenschaften ist der Begriff Zeit aus der Welt geschafft. Genau das trifft auf die Existenz des seelischen Ichs zu.
Ich glaube, hier, an dieser Stelle meines Briefes, muß ich etwas Atem holen. Denn dies ist der weiteste gedankliche Vorposten, zu dem wir vorstoßen können.
Gönne mir eine Pause. Es ist vier Uhr nachts. Die Welt ist still. Bald aber werden sich die ersten Vogelstimmen erheben und die Sonne begrüßen. Ehe der Morgen anbricht und die laute Welt wieder zu mir dringt, muß ich fertig sein.
Also, weiter.

Wir sind in unserem Gedankengang an einem Punkt angelangt, wo sich Vorstellungen der Religionen mit unserer Erkenntnis schneiden. Ich meine unsere Erkenntnis von der überirdischen Herkunft und sicherlich auch Rückkehr ins Universum des seelischen Ichs, und jene andere, religiöse Vorstellung von der Unsterblichkeit der Seele.

In allen Religionen ist der Jenseitsglaube zu finden, auch in solchen, die ihn für ihr Dogma nicht nötig hätten und auch nicht ausbauen. Interessant ist dabei, daß die Religionen ebenfalls *allen* Seelen die Unsterblichkeit zugestehen, auch solchen, die für ihre Zwecke unbrauchbar sind, nämlich den verdammten und ungläubigen. Es fehlt also den Religionen die Fähigkeit, sich vorzustellen, daß verdammte Seelen sich etwa ›auflösten‹. Man nimmt lieber die kompliziertesten und kuriosesten Not-Erklärungen über einen sich mit ewiger Hölle rächenden Gott in Kauf. Das ist merkwürdig; und der Gedanke liegt nahe, daß das Phänomen des Jenseitsglaubens mehr ist als nur ein Vorstellungstrend, geboren etwa aus einer allen Kreaturen gemeinsamen Existenzfurcht – es könnte sehr wohl unbewußte Erfahrung sein.

Während nun aber wir an diesem Punkte haltmachen und in dem einfachen Lehrsatz vom Hineinragen in ein Jenseits die äußerste erreichbare Gewißheit sehen, setzt hier erst die Phantasie der Religionen ein und baut ein ausschweifendes und angesichts unseres zynischen Jahrhunderts kaum zu fassendes Glaubensgebäude auf.

Wenn wir jedoch einmal die Religionen aller jener Glaubenssätze entkleiden, die sich auf der Basis der persönlichen Versorgung, der Lohnverheißung und der Schreckensandrohung bewegen, kurz aller Dogmen entkleiden, dann bemerken wir mit Staunen, wie ihr Denken noch in einer gewissen Parallele zu unseren Untersuchungen und Ergebnissen verläuft. Alle Religionen haben recht, wenn sie die Entmaterialisierung, das Ent-Leiben als ihre Basis betrachten. Alle Religionen haben recht, wenn sie das seelische Ich als etwas Selbständiges ansehen. Alle Religionen haben recht, die irdische Symbiose als etwas Vorübergehendes, als eine ›kleine Weile‹ zu bezeichnen. Alle Religionen haben recht, die Seele als nicht unter den irdischen Gesetzen stehend, als nicht sterbend, als nicht zeitlich und als nicht dimensional zu verkünden. Alle

Religionen haben recht, wenn sie, das Symbol des ›leichteren‹ Aggregatzustandes suchend, rufen: ›Ich erhebe meine Augen auf zu den Bergen, von denen mir Hilfe kommt‹, denn dort sehen sie quasi die Treppe zum Zeit- und Raumlosen, zum Über-Irdischen. Es ist eine schöne Geste.

Sehr seltsam ist auch, wie sich jene instinktive Behauptung der Religionen von der späteren Reinheit und Lauterkeit der Seelen durch unsere Gedankengänge als richtig erweist. Keine Religion hält die Seele à priori für rein und lauter, im Gegenteil, hier auf Erden ist es ja gerade das seelische Ich, das lügen und trügen kann und es auch tut. Natürlich. Denn: Da die ›irdische Wahrheit‹ nichts anderes ist als die Gebundenheit an Raum, Zeit und Kausalität, ist es für das raum- und zeitlose seelische Ich eine Kleinigkeit, aus der ›Wahrheit‹ auszusteigen, zum Beispiel zu lügen.

Der Stein lügt nicht; das Atom, das Molekül lügen nicht. Die rein materielle Existenz befindet sich mit der Wahrheit stets in Übereinstimmung, entsprechend dem Satz von der Identität der physikalischen Gesetze mit der irdischen Wahrheit. Der Körper lügt nicht, weil das einfache Existieren, das ›vor sich hin dasein‹ sein Wesen ist, und weil diese absolute Erfüllung der Gesetze selbst Maßgabe der ›Wahrheit‹ ist.

Wer lügen kann, ist das seelische Ich. Dieses Ich ist es, das nicht nur (für uns nachträglich kontrollierbar) mit seinen Alleingängen im Traum ›lügen‹ kann, sondern auch schwätzend durch unseren Mund. Beide Arten von Nicht-Übereinstimmung mit der ›Wahrheit‹ sind ein Aussteigen – was der Körper eben nicht kann.

Das ist klar.

Nun aber sind diese Feststellungen über das willkürliche Aussteigen des seelischen Ichs aus der Wahrheit selbstverständlich nur solange von Bedeutung, wie wir sie auf die irdische Wahrheit, das heißt auf die unter physikalischen Gesetzen zustande gekommenen Tatbestände beziehen. Mit anderen Worten: außerhalb der Symbiose der beiden Ichs verlören die Feststellungen jede Kontrollierbarkeit. Genau dieser Fall tritt nun ein, wenn sich die Seele von ihrem Partner, dem Leib, trennt. In diesem Augenblick hört das Kriterium auf. Das seelische Ich begibt sich nicht etwa in eine andere ›Wahrheit‹, sondern außerhalb jeglicher uns verständlicher.

Die Situation ist jetzt in der Tat die, daß die Seele – wovon die Religionen träumen – nach dem leiblichen Tode rein und lauter geworden ist; denn die Maßstäbe, die sie zuvor überführten, gibt es nicht mehr. Was immer sie ›lügen‹ mag – es ist, da es nicht mehr korrigierbar ist, lauter und ›wahr‹. In diesem Sinne sind die Religionen also entwicklungslogisch, nicht unlogisch.

Bezeichnenderweise halten die Religionen auch, und zwar ohne Ausnahme, *alle* Seelen für unfähig, nach dem Tode noch unwahr, unlauter oder verlogen zu sein, – ein Glaubenssatz, der richtig, aber für die Kirchen höchst verwunderlich ist. Ich würde, wäre ich ein dogmengläubiger Christ, eher überzeugt sein, daß ein durch und durch verlogenes Subjekt auch noch als Nur-Seele weiter lügen und täuschen würde. Denn es gibt im kirchlichen Sinne nicht den geringsten Grund, warum eine verworfene Seele gerade in dem Augenblick nicht mehr raffiniert sein sollte, wo es derartig ums Ganze geht, wie an der Himmelstür. Die Tatsache, daß der Richter es besser weiß, hat sie doch schon auf Erden nicht gestört. Zum Glück, mein geliebtes Mädchen, ist alles sehr viel anders.

Jenseits von gut und böse, von wahr und falsch, jenseits von Lohn und Strafe, von Glück und Grauen, jenseits von allem, was der Mensch sich vorstellen kann, wird sich die Fortsetzung der Existenz unserer Seele vollziehen. Fragen nach dem Wie, nach dem Wozu und Warum sind sinnlos. Es sind verächtliche Fragen; sie kommen noch einmal aus dem Bauch. Mit unserem Glück und der Ruhe unseres Herzens haben sie nichts zu tun.

Wir besitzen von ›draußen‹ keine Fingerzeige, die wir nicht in uns trügen, keine Zeichen, keine Signale. Einflüsse aus jener Welt in die irdische, genauer: Schicksalseinflüsse mit offensichtlicher Ursachelosigkeit aber sichtlicher Beharrlichkeit können wir nicht deuten. Vorhanden sind sie gewiß. Ihr Auftreten hängt vielleicht mit der Kraft der Seele zusammen, ihr Sinn ist dunkel.

Dieses Wenige, was wir wissen, und das Wenige, was wir ahnen, ist das Äußerste, was wir glauben dürfen.

Ist es wenig?

Wonach fragten die alten Gottesbeweise? Nach mehr?

Bedeutet es mehr, wahnsinnige, im wahrsten Sinne des Wortes wahn-sinnige Fragen zu stellen und sich an Antworten zu klammern, wie man sie Kindern gibt, die sich im Dunkeln fürchten? Haben wir denn alle keine Würde mehr? Wollen wir über den Bergen, zu denen wir unsere Augen aufheben, noch einmal unsere erbärmlichen Vorstellungen wiederholt sehen? Soll das Verklärte darin bestehen, daß niemand mehr klaut, defloriert und flucht? Ist nicht in jedem Blatt, das zur Erde zurückfällt, in jedem Vogel, der die Augen schließt, mehr Anstand, mehr Schönheit und mehr Vertrauen?

Wonach fragten die alten Gottesbeweise? Nach mehr?

Wer ruhiger stirbt, weil er glaubt, ein großer Manitu werde ihn nach dem Tode die ewige Büffeljagd fortsetzen lassen, ist ein Kind oder ein Ungeheuer. So stirbt nicht einmal ein Tiger.

Nein, Ruth!

Wenn Johannes XXIII. in seiner letzten Stunde die Hände Gottes entgegengestreckt sah – was ich glaube –, so widerfuhr ihm die gnädige Illusion, die er verdiente, denn er besaß das Herz eines Kindes.

Wir jedoch, Du, mein Kind, und ich, die wir unabwendbar einmal die letzte große Reise machen müssen, wir, die wir den Schoß der Märchen und Mythen verlassen mußten, weil wir nicht anders können, wenn wir nicht lügen wollen oder unser Herz nicht so verfault ist zu sagen: ›Ich bin für alles, was über die Nacht hinweghilft, ob es nun ein Gebet oder eine Flasche Whisky ist‹ – uns beiden wünsche ich, daß wir nicht weniger in Frieden sterben werden als jener Papst, obwohl wir nicht Hände sehen können, die sich uns entgegenstrecken.

Aber ich werde mich – so hoffe ich – eine Sekunde lang erinnern, wie meine Seele in den Träumen flog, und werde ruhig sein in dem Gedanken: noch ein Atemzug, dann wird sie fliegen, fliegen und sich für immer von dieser Erde lösen.

Wohin –

Ja, wohin? Wo der Sinn der Welt ruht, den wir nicht kennen.

Die Nacht ist vorüber, der neue Tag ist da und die Sonne ist aufgegangen.

Kein schönerer Satz, mit dem ich schließen könnte!

Dein Vater.«

Bitte beachten Sie
die folgenden Seiten:

Joachim
Fernau

ein Ullstein Buch

Die treue Dakerin
UB 20813

Hauptmann Pax
UB 20816

Ein Frühling in
Florenz
UB 20896

Und sie schämeten
sich nicht
UB 20983

Caesar läßt grüßen
UB 20859

Die Genies der
Deutschen
UB 20833

# Lao Tse

# Tao Tê King

Das Buch vom rechten Wege und von der rechten Gesinnung

Herausgegeben und übersetzt von Jan Ulenbrook

Ullstein Buch 20067

ein Ullstein Buch

Der chinesische Philosoph und Einsiedler Lao Tse lebte im sechsten Jahrhundert vor Christus und hat als Begründer des Taoismus Chinas Weltbild geprägt, das auch auf Europa ausstrahlte.
Dies geschah vor allem mit dem Tao Tê King (Dau Dö Djing), dessen 81 Sprüche über den rechten Weg und die rechte Gesinnung aussagestark und prägnant als Grundgedanken formulieren: das Herrschen durch Tatlosigkeit, die Überlegenheit des Gewaltlosen und die Weisheit spontaner Abläufe im Leben des Einzelnen, des Gemeinwesens, des Alls.
Der Europäer fühlt sich erinnert an manche Aphorismen der Pythagoräer oder Heraklits, da er hier dasselbe Denken in Zyklen und Polaritäten erkennt.